KB214949

교회가 작다고 사랑이 작진 않아

**세움북스**는 기독교 가치관으로 교회와 성도를 건강하게 세우는 바른 책을 만들어 갑니다.

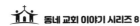 **동네 교회 이야기 시리즈 8**

# 교회가 작다고 사랑이 작진 않아

**차별 없는 은혜, 오름 직한 동산, 은혜의동산교회 이야기**

**초판 1쇄 인쇄** 2024년 10월 1일
**초판 1쇄 발행** 2024년 10월 6일

**지은이** | 김종원
**펴낸이** | 강인구

**펴낸곳** | 세움북스
**등 록** | 제2014-000144호
**주 소** | 서울시 종로구 대학로 19 한국기독교회관 1010호
**전 화** | 02-3144-3500
**이메일** | cdgn@daum.net

**교 정** | 김민철
**디자인** | 참디자인

**ISBN** 979-11-93996-19-5 〔03230〕

이 도서는 시각장애인의 기독교 도서 보급을 위해 AL-소리도서관에 기증하여 데이지 파일로 제작됩니다.

동네 교회 이야기 시리즈 8

# 교회가 작다고
# 사랑이 작진 않아

김종원 지음

차별 없는 은혜
오름 직한 동산
은혜의동산교회 이야기

세움북스

# 추천사

눈을 뗄 수가 없습니다. 저자의 글맛 때문일 겁니다. 술술 읽히는데 내용이 전혀 가볍지 않습니다. 저자의 신앙맛 때문일 겁니다. 뭉클함에 자주 멈칫하게 됩니다. 저자의 사람맛 때문일 겁니다. 다 읽고 나면 하나님을 찬양하게 됩니다. 하나님의 손길이 보이기 때문일 겁니다. 어느 개척 교회의 이야기가 아니라 교회를 세우시는 예수님을 본 것 같아서일 겁니다.

저도 교회론에 관한 책을 이것저것 봤지만, 이 책보다 더 좋은 책을 본 적이 없습니다. 시대적 유행을 따르지도 않았고 뻔한 교회 성장 이론도 아닙니다. 흔한 포장은커녕 오히려 저자 본인의 약점과 교회에 모인 사람들의 연약함을 드러냅니다. 그런데 그리스도의 몸 된 은혜의동산교회가 강하게 드러납니다. 이런 복음의 역설(逆說)과 신비를 드러내는 것이 교회의 본분이라고 한동안 세상을 설득하려는 데 천착한 것 같은 한국 교회에 역설(力說)합니다.

은퇴를 앞두고 자신의 목회를 정리하고픈 목사, 이제 개척하려는 젊은 목사, 교회에서 선출된 직분자, 이제 막 교회 생활을 시작한 초신자, 심지어 교회를 비판하는 비신자에게도 이 책을 추천하고 싶습니다. 무엇보다 은혜의동산교회 성도들이 부럽습니다.

❖ **강신욱** _ 낮은울타리 대표, 『대화로 푸는 성경』 저자

아픔과 아픔이 만나면 더 큰 아픔이 되어야 하지만, 이상하게도 하나님은 그 아픔이란 재료들을 통해 전혀 다른 것들을 빚어 내십니다. 바로 은혜의동산교회 이야기가 그렇습니다. 깨어지고 망가진 자들이 모인 교회. 뭘해도 안 되는 초라하고 못난 자들의 이야기. 거기에 온통 눈물과 한숨으로 점철된 시간들. 그런데 참 흥미롭게도 저자의 글을 읽다 보면 바로 그 지점에서 도리어 그분의 은혜를 발견하게 됩니다. 그들의 눈물과 한숨 사이에 꼭꼭 잘 숨겨져 있는 하나님의 은혜 말입니다. 그래서인지 그들의 이야기는 더 귀하고 더 아름답습니다.

참된 교회란 어떤 모습일까요? 참된 목양이란 어떤 형태일까요? 은혜의동산교회 이야기를 들여다보십시오. 바로 그 안에 해답이 있습니다.

❖ **김관성** _ 낮은담교회 담임 목사, 『본질이 이긴다』 저자

김종원 목사님의 삶은 상처투성이였습니다. 어린 시절부터 시작된 그런 삶은 목회 현장에도 있었습니다. 공황 장애를 겪기도 했습니다. 그러나 그런 아픔과 고통의 모래 재료는 김 목사님을 진주가 되게 한 듯합니다. 김종원 목사님은 교회를 개척하고, 자신처럼 상처 받고 고통당하는 성도들이 왔을 때 품었습니다. 이제는 성도들이 진주로 태어나고 있습니다.

눈물 없이는 이 책을 읽지 못합니다. 그러나 그런 눈물은 독자의 상처, 트라우마, 스트레스를 사르르 녹일 것입니다. 김 목사님의 삶을 통한 감동의 스토리는 하나님의 스토리로, 독자의 삶 속에서 역시 하나님의 스토리,

즉 His Story가 되고, 우리 삶에 역사(History)가 있게 할 것입니다. 힘겹고 어려운 삶을 한 단면 혹은 한 부분만 보면 어둡습니다. 그러나 전능자의 관점에서 보면, 그런 어두운 부분은 아름답고 밝은 그림의 배경이 되어, 인생의 그림을 더 아름답게 보이게 하고, 더 밝은 인생의 그림이 되게 합니다.

정말 어둡고 처절한 삶을 주님만 바라보며 살아 낸 김 목사님에게 박수를 보냅니다. 이런 진주를 발견하고서 책을 출간해 주시는 세움북스 강인구 대표님에게도 박수를 보냅니다. 그리고 이 책을 읽고 힘겨운 삶 가운데서 다시 일어나 주님을 드러낼 독자들에게도 박수를 보냅니다.

❖ **김영한** _ 품는교회 담임 목사, Next 세대 Ministry 대표, 『기도 양육 지침서』 저자

마음이 아립니다. 일반적으로는 신앙 간증 저서가 출간될 때면, 과거의 아픔과 상처를 회복시키는 무언가가 있어야 할 것 같습니다. 그러나 김종원 목사님과 함께 지나온 시간을 돌아보면 김 목사님의 삶에서는 보편적 신앙 간증들에서 말하는 다이내믹한 역사는 찾아보기 어렵습니다. 도리어 과거의 아픔만큼 커다란 인생의 아픔과 짐이 줄어들지 않고 여전합니다. 그래서 더 속상합니다.

김 목사님은 고난의 삶 가운데서 그나마 편한 길을 저버리고 아무도 예상치 못했던 코로나19 대혼란의 시대에 교회를 개척했습니다. 그러나 신실하신 하나님께서는 김 목사님의 삶을 들어 은혜의동산교회를 준비하고 세우셔서 상처 받고 깨어진 사람들이 모여 '찐' 교회를 이루게 하셨습니다. 그리고 하나님 나라의 표본이자 그리스도의 몸인 은혜의동산교회를 통해 우리가 바라던 '찐' 교회가 대전에도 존재함을 알리고 계십니다.

김 목사님의 고난에 대한 간증도, 은혜의동산교회의 일화들도 더 많은 이야기 중 극히 일부이지만, 그 일부만으로도 우리가 다시 회복하며 꿈꿔야 할 교회가 무엇인지 알고 각성하게 하기에 충분할 것이라 믿습니다.

"교회가 작다고 사랑이 작진 않아" 시리즈가 이어지길 기대하며….

❖ 김준영 _ 옥천 더함침례교회 담임 목사

오늘날의 한국 교회와 한국 사회 상황 속에서 교회 개척이 가능할까요? 불가능합니다! 지금까지 해 오던 방식으로는…. 대형 교회에서 개척 자금과 성도들을 지원받지도 못하고, 든든한 독지가도 없다면 개척 교회는 처음부터 생존 자체와 씨름해야 합니다.

그러나 교회 개척은 여전히 가능합니다! 만약 성경에서 가르치고 있는 원리와 방법에 충실하다면…. 예수님께서는 자신의 교회를 세우고 계십니다. 아프거나 이런저런 결핍이 있는 사람들을 만나 주시고, 그들에게 인생의 의미를 찾아 주시고, 삶을 총체적으로 회복하고 계십니다. 그러면 그들을 위한, 그들에 의한 공동체가 필연적으로 탄생하게 됩니다.

조직을 만들기 이전에, 자신에게 맡겨진 사람을 하나님 나라 복음으로 회심하도록 돕고 성장하도록 돕는 일에 천착하는 목회자가 있다면, 그래서 함께 공동체가 되어 간다면, 그것이 바로 교회 개척의 본질입니다. 그러므로 교회를 개척한다는 것은 교회가 되어 가는 것입니다.

여기에 그런 교회가 되려고 몸부림친 이야기가 있습니다. 교회가 되려하니 교회가 개척된 이야기입니다. 신나는 이야기입니다. 평범한 사람들이, 아니 아프고 힘든 사람들이 그분을 만나고 그분이 가르치신 하나님 나라 복음을 함께 살아 내며 만들어 가는 진짜 공동체 이야기! 오늘날에도, 미래에 어떤 상황이 와도 교회는 세워집니다. 그분이 교회를 세우고 계시기 때문입니다.

이 책을 통해서, 교회 개척 불가능의 시대에 이런 신나는 이야기가 도처에서 들려지게 되기를 기대합니다.

❖ **김형국** _ 목사, 하나님나라복음DNA네트워크 대표

김종원 목사를 처음 만났던 어느 모임, 피곤에 지쳐 있던 그의 모습에서 진한 동지애를 느꼈습니다. 슬픈 눈으로 자신이 처한 고통스러운 상황을 나누던 김 목사님은 그럼에도 시종일관 '껄껄'거리며 호탕하게 웃었습니다. 저는 그에게 묘한 매력을 느꼈고, 그날부터 SNS를 기웃거리며 그의 글을 탐독해 나갔습니다. '신의 마음'을 봤다며 '심봤다'를 외쳐 신께 고마움을 표했던 심마니들의 심정이 이러했을까요? 그의 목회는 실로 '경이'로웠습니다.

저는 주저 없이 『월간목회』 원고를 청탁했습니다. 애초에 여섯 페이지라는 제한된 지면 안에 그의 목회를 담아내기란 불가능함을 알았지만 그렇게라도 해야만 했습니다. 그럼에도 불구하고 저는 여전히 갈증이 해갈되지 않아서, '수련회'라는 명목으로 교인들을 이끌고 은혜의동산교회로 향했습니다. '복음'과 '교회', 그리고 '목사 김종원'을 선물처럼 오롯이 누렸던 시간이었습니다. 하지만 반나절의 시간도 턱없이 부족했습니다. 못다 한 이야기는 교회당에 마련된 숙소인 '여행자의 하룻밤'에서 밤새 나누기로 약속하고서 돌아왔습니다.

그런데 그토록 듣고 싶었던 그 이야기가 지금 제 앞에 한 권의 책으로 놓여 있습니다. '뜻밖의 은혜'입니다. 떨림이 된 설렘으로 첫 장을 펼치고는 한 호흡으로 마지막 장까지 읽었습니다. 사고의 저장고에서 숙성을 거친 후, 제가 그에게 매료된 이유를 알 수 있었습니다.

그리스도인이라면 누구도 예수의 십자가를 '실패'라고 말하지 않습니다. 그렇게 실패라는 단어는 그리스도의 십자가를 통해 새롭게 재정의되었습니다. 그러나 그리스도 안에 있음에도 저는 여전히 세상이 정의하는 '실패'의 개념으로 스스로를 해석하며 힘겨워하고 있었습니다. 하나님께서는 이처럼 실패를 받아들이기 미숙한 저에게 이 책을 읽는 내내 '그리스도처럼 이 땅에서 실패한 인생으로 살아간다는 것'의 참된 의미가 무엇인지를 찬찬히 설명해 주시며, 위로하시고 격려해 주시고 도전하셨습니다.

저에게 그러셨듯이 이 책에 담긴 '인간 김종원'과 '은혜의동산교회'의 스토리는 이 시대 그리스도인들이 자신의 실패를 그리스도 안에서 재해석하도록 돕는 지침서가 될 것이라고 확신합니다.

❖ **박철홍** _ 빌리버스·반석위교회 담임 목사. 월간목회 대표

"하나님, 우리 아들이 요한과 같은 사랑의 사도가 되게 해 주세요."

그때는 몰랐습니다. 그 기도의 의미를 누구도 알지 못했습니다. 하나님의 감동으로 말미암아 바뀐 어머님의 기도는 훗날 아들의 삶을 예견하는 것이었습니다. 참으로 사연 많은 가정에서 자란 아들은 일찍 하나님을 만나, 여섯 살에 회심을 경험했습니다. 그렇게 빨리 만나 주시지 않으면 안 될 만큼 삶이 기구했습니다. 하나님께서 급하셨나 봅니다. 그렇게 하나님

의 손에 붙들린 아들은 목사가 되었습니다.

치열하게 사랑하며 살았습니다. 목회는 사랑할 수 없는 사람들을 사랑하는 것이라더니, 상처 많은 사람들을 사랑하려고 몸부림쳤습니다. 그러다 공황 발작과 공황 장애가 찾아왔습니다. 왜 내게 이런 일이 찾아왔을까 원망할 법한데, 오히려 목사님은 감사했습니다. 공황 장애로 아파 보니까 아픈 사람 마음을 이해할 수 있었습니다. 그래서 공황 장애를 고쳐 달라고 기도하지 않았습니다. 아팠다가 나은 사람이 하는 말보다, 여전히 아파도 주님을 따르는 이의 말이 훨씬 더 위로가 되기 때문입니다. 육체의 가시가 더 이상 목사님을 괴롭히지 못했습니다. 하나님의 족한 은혜가 있기 때문입니다. 그렇게 가시를 지닌 채, 목사님은 아픈 사람들을 끌어안고 있습니다. 그 옛날 다윗의 아둘람 동굴이 재현되었습니다. 은혜의동산교회 성도들은 고난 중에 함께하시는 하나님을 만났습니다. 마음이 치유되고, 중독을 극복하고, 가정이 회복되고, 이단에서 탈출하는 역사가 나타났습니다.

'상처 입은 치유자'가 아닌 '상처 있는 치유자' 김종원 목사님의 사랑 이야기는 현재 진행형입니다. 어머님의 기도처럼 사랑의 사도가 되어 세상 모든 사람을 사랑하며 살아갑니다. 누가 와도 사랑하고, 누구나 와도 사랑으로 변화되는 은혜의동산교회 이야기가 메마른 우리의 마음을 은혜로 적셔 줄 것입니다.

❖ **서진교** _ 목사. 작은예수선교회 대표. 『작은 자의 하나님』 저자

역설적입니다. 읽다 보면 감사하지만, 그 본질적 추구 앞에 불편하기도 하고, 여러 스토리 앞에 짠하면서도 끝내 미소 짓게 만드는 내용을 담고 있

습니다. 그럼에도 결국 한 사람을 이끌어 가시는 하나님의 연대기와 한 사람을 향한 마음으로 목회하고 교회를 세워 가는 개척자의 연대기가 씨줄과 날줄처럼 엮여 마음을 격동시킵니다. 그래서 개척의 실제나 전략에 대해 알고 싶은 분들께는 이 책을 권하지 않습니다. 별 도움이 안 될 것이기 때문입니다. 그러나 개척자의 마음과 자세에 대해 알고 싶거든, 나아가 무너져 가는 시대에라도 끝내 영광스러운 교회를 세워 가시는 하나님의 강권적인 역사를 듣고 싶은 분들은 부디 이 책을 집어 읽어 보십시오. 개척자만이 아니라, 매너리즘에 빠진 사역자, 나아가 교회를 꿈꾸는 모든 그리스도인들에게 추천합니다.

❖ **손성찬** _ 이음숲교회 담임 목사, 『사랑하느라 힘든 당신에게』 저자

하나님은 참 역설적인 분이십니다. 꿈을 깊게 심으시고는, 이내 철저히 부수십니다. 하지만 실패의 고백은 하나님의 꿈이 가장 잘 자라나게 하는 토양이 됩니다. 하나님은 사랑이 없어서 끙끙대는 신자를 통해 가장 큰 사랑을 실천하십니다. 놀랍게도 교회가 뭔지 몰랐다고 고백하는 저자를 통해서 본질에 가까운 교회를 세워 가십니다.

책을 읽는 내내, 200명 남짓의 인원으로 거대한 미국 전체에 영향력을 미치는 세이비어교회가 생각났습니다. 교회의 크기가 하나님 사랑의 크기는 결코 아닙니다. 저자와 저자의 교회가 거대한 하나님 사랑의 물결을 대한민국 구석구석에 흘려보내길 기도합니다.

❖ **우성균** _ 행신침례교회 담임 목사, 『행신교회 이야기』 저자

교회가 작다고 사랑이 작진 않아? 제목이 너무 겸손합니다. 제가 아는 한 저자가 개척한 '은혜의동산교회' 스토리에는 '교회가 작으니 사랑이 클 수밖에 없다'라는 제목이 더 적절합니다. 이 책은 저자를 통해 생생히 경험된 하나님 나라의 기적 이야기입니다. 첫 장부터 눈물이 흐르게 만듭니다. 매 장마다 우리 인생은 얼마나 절망적인지, 반면에 복음은 얼마나 소망이 되는지가 증거됩니다. 구구절절 복음이 얼마나 놀랍게 역사하여 한 사람의 인생에 하나님 나라가 임하고, 나아가 천하 만민에게 하나님 나라가 전해질 수 있는지 생생하게 드러납니다.

절망적인 상황에서 하나님의 사랑을 경험한 저자를 통해 개척된 '은혜의동산교회'는 어떤 절망적인 사람도 구원할 수 있는 튼튼한 방주입니다. 매주 하늘과 땅이 만나 하나님의 임재에 눈물이 콸콸 쏟아지는 초월적인 시간이 계속되는 그야말로 '은혜의 동산'입니다.

이 책은 그 아름다운 교회의 이야기입니다. 이 이야기가 절망 속에 있는 수많은 이들에게 전해지면 좋겠습니다. 이 책이 닿는 곳에서 마른 뼈 같은 절망적인 영혼들이 하나님의 군사로 살아나는 기적이 일어날 것임을 확신합니다. 꼭 읽고 복음이 필요한 이들에게 전해 주십시오. 김 목사님에게 일어났던 그 기적이 당신의 지인들에게도 일어날 것입니다.

 **이종필** _ 세상의빛교회 담임 목사, 칼빈대학교 교수, 킹덤처치연구소 대표

처음 김종원 목사님을 소개받고 대전에 있는 은혜의동산교회에 방문해서 교제를 할 때였습니다. 대화를 나누는 2-3시간 동안 가장 많이 서로 주

고받은 말이 '저도요!'일 정도로 처음 뵐 때부터 생각하는 것과 살아가는 결이 참 비슷한 분이라는 생각이 들었습니다. 아니나 다를까 이번 추천사를 위해 보내 주신 글을 읽으면서 지난번 만남처럼 역시 '나도'라는 혼잣말을 되뇌며 큰 위로와 격려를 받았습니다. 저뿐만 아니라 이 책을 읽으시는 분들도 저와 크게 다르지 않은 감동과 은혜를 느끼시리라 확신합니다.

무엇보다 방법, 숫자, 비결, 매뉴얼이 아닌 그저 하나님 사랑, 이웃 사랑 이야기로 가득 찬 이 책의 글들이 너무나 사랑스럽고 자랑스럽습니다. 자신은 아무것도 아니라고 겸손히 고백하는 이에게 하나님은 얼마나 빈틈없이 특별한 하나님의 서사로 빼곡히 채워 주시는지…. 하나님 나라를 겸손하고 묵묵히 섬기고 계신 모든 분들께 이 책을 추천해 드리고 싶습니다.

❖ **전영훈** _ 새숨교회 담임 목사, 「십자가의 전달자」 작곡가

여행 중에 이 책의 원고를 받았습니다. 그 여정의 비는 시간에 에피소드 하나하나를 읽었습니다. 읽는 내내 가슴 깊은 곳에서부터 따스함이 차오르는 것을 느꼈습니다. 한 편의 성장 드라마를 보는 듯, 때로는 웃음을, 때로는 눈물을 자아내는 젊은 목사 후배와 그와 함께 세워져 가는 은혜의동산교회 이야기는 단순한 개척 교회의 성공담을 넘어 제게 깊은 울림을 선사해 주었습니다.

"나는 아무것도 아닙니다"라는 저자의 고백은 역설적으로 이 책을 관통하는 가장 강력한 메시지입니다. 부족함으로 시작해 끊임없이 부딪히고 좌절하면서도 포기하지 않는 모습은, 세상의 기준으로는 '듣보잡'일지라도 하나님의 시선에는 세상 가장 소중한 존재임을 역설적으로 보여 줍니

다. '구부러진 길'을 걷는 개척 멤버들, '민들레'처럼 세상 곳곳에 뿌리내린 그들의 이야기는 잔잔하면서도 묵직한 감동을 선사합니다. 특히 "아픈 양도 내 양이다", "꼭 우리 교회에 안 와도 돼요"와 같은 에피소드는 우리 시대가 교회에 요구하는 진정한 '사랑'의 의미를 생각하게 합니다. 작은 교회의 작은 사랑이 아닌, 세상을 품는 크고 깊은 사랑을 실천하는 은혜의동산교회 이야기는, 현실에 지친 우리 영혼에 따스한 위로와 용기를 불어넣어 줍니다.

이 책은 '교회 개척은 이렇게 하는 거'라고 말하는 개척 성공 가이드북이 아닙니다. 이 책을 통해 뭔가를 배워 나의 목회를 확장하려는 생각으로 이 책을 펼쳤다면 분명 실망할 겁니다. 어디에도 그런 이야기는 없기 때문입니다. 이 책에는 하나님께서 주신 꿈을 향해 나아가는 젊은 목사가 있습니다. 또 그가 꾼 꿈이 구현되어 가는 공동체가 있습니다. 그래서 이 책은 이 시대에서 하나님께서 원하시는 공동체를 꿈꾸는 이들에게 울림이 됩니다. 세상 모든 '듣보잡'을 위한 아름다운 성장통 이야기입니다. 저는 당신에게도 이 아름다운 성장통 이야기의 울림이 들려지기를, 그리고 공명하기를 소망합니다.

❖ **조영민** _ 나눔교회 담임 목사, 『세상을 사는 그리스도인』 저자

# 프롤로그

어릴 때부터 교회가 좋았다. 예배 시간에 어른들이 진지하게 노래 부를 때, 나는 형님과 가사를 바꿔 가며 불렀고, 목사님이 온 힘을 다해 설교하실 때, 나는 마음과 뜻과 정성을 다해 옆에 앉은 친구들과 장난을 쳤다. 부모님과 선생님들께 자주 혼이 났지만, 그래도 나는 교회가 좋았다.

내 기억에 나는 초등학생 때부터 중고등부 형, 누나들을 따라 수련회에 갔던 것 같다. 수련회에 따라간 이유는 단 한 가지, 분위기가 좋아서였다. 중고등부 수련회에 가면, 아침부터 저녁까지 형, 누나들의 웃음이 끊이질 않았다. 나는 교회에서 울려 퍼지는 그 웃음소리가 너무 좋았고, 무엇보다 권사님들이 수련회에 따라오셔서 해주신 밥이 그렇게나 맛있었다. 먹거리, 웃음거리가 넘치는 청소년부 수련회는 나의 방학 생활 중 빼놓을 수 없는 필수 코스였다.

그러던 내가 청소년이 되었다. 초등학생 때 웃음 가득했던 형, 누나들의 수련회는 눈물범벅의 수련회로 변했다. 세상을 마냥 밝게만

봐 왔던 내 눈에 깨어진 우리 가정이 포착되었고, 힘들어서 아파하던 친구들의 신음 소리가 들렸기 때문이다. 초등학생 때 보이지 않고, 들리지 않았던 것들이 청소년 시기를 지나며 비로소 보이고 들리기 시작했다. 그래서였을까? 저녁 집회 때마다 눈물 없이 보낸 적이 없었던 것 같다. 내 죄 때문에 머리를 무릎 사이에 넣고 끙끙대며 울었고, 친구들과 얼싸안고 서로의 아픔이 씻기도록 울었고, 때로는 야외로 나가서 산 중턱 바위 위와 모래 덮인 운동장에서 무릎을 꿇고 목이 쉬도록 한반도의 통일을 위해 부르짖었다. 이렇게 교회를 통해 배운 것이 하나 있다.

'좋은 교회에 속해 있기만 해도, 좋은 사람으로 성장할 가능성이 높구나!'

그래서인지, 나에게 교회는 그냥 일상이었다. '교회 따로, 삶 따로'라는 말 자체가 성립되지 않았다. 어쩌면 나는 어릴 적부터 '일주일에 한 번 가는 종교 생활로서의 교회가 아니라, 일주일 내내 교회로 살아가는 삶으로서의 교회'를 온몸으로 배웠는지도 모르겠다. 그런 관점에서 보면, 나는 교회를 개척했다기보다 교회로 살아가다가 교회가 세워진 삶을 지금까지 살아오고 있는 것 같다.

나는 아내와 교회를 개척하기 전에 교회로 살아가자고 다짐했다. 나는 아내가 개척 교회의 사모라는 이름하에 남편이 개척한 교회의 소모품이 되길 원하지 않았다. 자신도 기쁘지 않은 신앙생활, 자신도 누리지 못하는 복음을 누군가에게 전하는 그 자체가 너무 모순이라 생각했기 때문이다. 나는 누구보다 아내와 함께 가장 먼저 진심으로 복음을 누리는 사람이 되고 싶었다. 그 복음 안에서 누구보다 우리 부부가 먼저 행복하기를 원했다. 그리고 아내에게 말했다.

> "우리 가족들이 복음 안에서 교회로 살아가는 것이 정말 기쁘고 행복할 때, 그 기쁨과 행복의 자리에 누군가를 초대하자."

이것이 은혜의동산교회의 시작이었고, 내가 사명이 끝나는 날까지 추구하고자 하는 삶이다.

출판사에 보낼 원고가 다 마무리된 날, 나는 원고를 복사해서 책 속에 나오는 성도들을 한 사람씩 심방했다. 두 가지 이유에서였다. 하나는, 이 책이 성도들의 이야기가 담긴 책인 만큼 본인 이야기 부분은 직접 읽고 오류가 있으면 수정해 달라는 부탁을 하기 위함이었다. 또 하나는, 성도들과 함께 감사의 예배를 드리기 위함이었다. 자신의 BC와 AD를 원고를 통해 확인하며, 하나님께서 우리를 얼마나 신실하게 이끌어 오셨는지에 대해 깊은 감사와 찬양을 함께 올려 드리고 싶었다.

자신의 과거를 글로 읽으면서 성도들도 묘한 감정이 들었나 보다.

"목사님, 교회 이야기의 한 챕터에 제 삶이 기록될 수 있어서 너무 큰
영광이고 기쁨입니다."

"목사님, 그 힘든 시간 같이 해 주셔서 정말 감사합니다."

"눈물이 핑 돕니다. 그게 불과 2년 전 일이었다는 사실에요."

이와 같은 뭉클한 피드백들이 하나둘씩 돌아왔다. 그런데 웃기
다 못해 가슴속에 콕 박힌 잊지 못할 피드백이 하나 있었다.

"목사님, 이 원고를 보니까 저는 미친놈이었고, 제 아내는 불쌍한 년
이었네요."

10억의 가계 부채, 부부의 이혼, 세 자녀의 소아 우울증, 뇌전증
과 공황 발작 등으로 삶과 죽음의 사선을 넘나들던 부부의 피드백
이었다. 원고를 통해 돌아본 자신들의 과거가 과연 불과 3년 전 일
이라고는 상상조차 하기 어려웠나 보다. 그리고 자기네 가정이 이
렇게까지 회복되리라고는 차마 상상치 못했었나 보다. 어쩌면 우리
성도들 모두가 그렇게 생각했을 것이다.

'주여, 우리의 믿음 없음을 불쌍히 여기소서!'

그러나 복음은 그들의 영혼과 삶의 전 영역을 송두리째 바꿔 놓
았다. 하나님의 은혜는 부부 관계와 자녀 문제, 그리고 건강과 심지

어 빚 청산을 위한 책임감 있는 삶에까지 서서히 영향을 끼쳤다. 변하지 않을 것 같은 삶의 내용들이 하나둘씩 변하여 제자리를 잡아 가니 헝클어지고 무질서했던 지난날의 삶들을 비웃을 수 있는 여유가 생겼나 보다. 그러니 저런 농담을 제 입으로 할 수 있지 않았을까?

이 부부의 고백을 곱씹다 보니, 이제껏 목회를 위해 애써 온 삶의 피로가 씻겨 내려가는 듯했다. 가끔 주변의 목사님들이 묻는다.

"목사님, 교회가 참 행복해 보이는데, 어떻게 목회하세요?"

그러면 조금의 망설임도 없이 대답한다.

"추어탕 목회를 하시면 됩니다."

그러면 갸우뚱한 표정으로 되묻는다.

"성도들과 추어탕을 자주 드셨어요?"

그때 나의 대답은 한결같다.

"아니요. 추어탕 안에 들어간 미꾸라지처럼, 나를 다 갈아 넣으면 돼요."

목회에 나를 다 갈아 넣었다고 해서 죽도록 희생하고 헌신하라는 뜻은 아니다. 정직하게 돌아보면, 이제껏 하기 싫은 일을 억지로 하거나, 도살장에 끌려가는 소처럼 마지못해 끌려다니는 목회를 한 적은 없다. 누가 뭐래도 내가 선택하고, 내가 결정해서 온 길이다. 힘들 때는 있었지만, 그때마다 "네가 나를 사랑하느냐?"는 예수님의 질문 하나 붙들고 여기까지 왔다. 그러다 보니 내 사랑은 사라지고, 예수님의 사랑만 남았던 것 같다. 내 희생은 사라지고 예수님의 신실하심만 남았던 것 같다. 그러니 나에게 '추어탕 목회'란, 머리 되신 예수님과 하나 되어 걸어간 사랑의 여정이고, 성도들 삶에 녹아서 한 몸으로 걸어간 교회 됨의 여정이라고 할 수 있겠다.

이 책은 내가 어떻게 목회자로 부름받았는지, 나의 소명 이야기에서부터 시작한다. 목사로의 부르심은 곧 교회로의 부르심이고, 교회의 부름을 따라 살다가 은혜의동산교회를 개척하게 된 여정이 1부에 소개되어 있다. 2부는 내가 원하는 사람이 아닌, 하나님이 보내 주신 사람들이 은혜의동산교회 성도가 된 이야기를 담고 있고, 3부에는 다소 발칙한 "4위일체 하나님"이라는 제목을 붙였다. 이유는 돈도 빽도 없던 듣보잡 개척 교회 목사를 주님께서 불쌍히 여기셔서 이름도 빛도 없는 무명인, 하지만 하나님 나라에서는 가장 유명한 자들을 통해, 또 전혀 상상할 수 없는 방식으로 은혜의동산교회를 채워 오셨기 때문이다. 이것은 나를 포함한 개척 교회 목사만이 누리고 경험할 수 있는 '특권 of 특권'이라 생각한다. 4부에서는 2,000년 동안 주님께서 자신의 교회를 세워 가시기 위해 자기 백성을 부르시고 자녀 삼아 주신 '회심 스토리'가 아직도 현재 진행형임을 은혜의동산교회 회심 스토리를 통해 생생하게 증언하고 있고, 5부에는 교회가 작다고 해서 결코 작을 수 없는 하나님의 가족인 은혜의동산교회의 '러브 스토리'가 담겨 있다. 마지막으로 6부에는, 코로나 시기에 교회를 개척하여 어쩔 수 없이 가정에서 시작했고, 어쩔 수 없이 아무것도 없이 교회를 시작했지만, 아무것도 없었고 아무 일도 할 수 없었기 때문에 알게 되고 발견하게 된 교회의 본질을 "든보잡 목사의 든보잡 묵상"이라는 이름으로 실었다.

은혜의동산교회는 내 삶의 여정에 만나 온 모든 사람들에게 빛을 지고 있다. 내 삶에 회심이 없었다면, 나는 결코 교회를 몰랐을 것이고, 평생 교회와 상관없이 살았을 것이다. 그러므로 나는 나의 회심이 이루어지기 위해 갓난아기 때부터 곁을 내어 준 모교회인 부산 덕천교회 모든 가족들에게 사랑의 빚을 졌다.

고3 때 선교사로 헌신하고 대학을 가면서 부산을 떠났다. 대학생이었던 미숙한 나를 품어 준 명선교회와 대학 캠퍼스와 선교 단체에서 만난 복음의 동지들은 복음을 위해 헌신하는 사람이 얼마나 아름답고 매력적인지, 또 돈은 없어도 가오가 있는 삶이 무엇인지를 내게 몸소 가르쳐 주고 보여 준 사람들이다. 이들이 없었다면, 낮은 곳을 향해 살아가려는 나의 신앙적 토대는 형성되지 않았을지도 모른다.

은혜의동산교회가 개척되고 이 책이 출간되기까지 내게 선물이 되어 준 사람들은 지면에 다 담기에 부족할 정도다. 개척 이전부터 지금까지 힘든 일이 있을 때마다 가장 먼저 달려와 준 정서적 지지자 빽토크 패밀리, 내게 교회가 무엇인지 신학적으로 목회적으로 길잡이가 되어 준 김형국 목사님과 그런 교회 됨을 몸소 보여 준 어울림가정교회 식구들, 선교는 사랑임을 가르쳐 준 GO선교회 주누가 선교사님, 개척 초기에 먹고사니즘을 주야로 묵상하며 낙심해 있을 때, 내게 일용할 양식을 공급해 줌으로 지금까지 버티게 해 준 수많은 믿음의 영웅들, 비슷하게 어려운 처지에 있음에도 늘 자신보다 서로를 더 위하며 응원해 줬던 아둘람 목사님들, 든보잡 목사였던 나를 코로나 시기에 온라인 설교자로 세워 주며 많은 길벗들을 만나게 해 준 40일 밤별지기 김영한 목사님과 밤별 식구들, 사역으로 인해 늘 피곤하고 초췌해 있던 내게 은혜의동산교회 이야기를 글로 써 보면 어떻겠냐며 처음으로 제안해 주고 기회를 준 친구 『크리스천 투데이』 이대웅 기자와 『월간목회』 박철홍 목사님, 그리고 낡고 초라한 책들로 가득했던 어,울림 도서관의 책장을 밝고 빛난 신간들로 가득 채워 준 어울림 서포터즈, 나에게 이 책을 쓰도록 1년 동안 천국의 사냥개처럼 나를 추적해서 마침내 책을 쓰고야 말게 만든 부천의 사냥개 서진교 목사님, 산만하고 복잡한 글을 정갈하고 유려하게 교정하고 편집해서 아름다운 작품으로 탄생시켜 준 최고의 편집자 김민철 목사님, 그리고 출간을 허락해 주신 강인구 대표님께 진심으로 감사를 드린다.

무엇보다 나는 책을 쓰는 동안 아버지와 장모님이 돌아가시는 큰 슬픔을 두 번이나 마주해야 했다. 하마터면 이 책은 나오지 못했을 수도 있었다. 하지만 그 슬픔 속에서도 용기 잃지 않고 끝까지 책을 쓸 수 있도록 나를 정서적으로 환경적으로 지지하고 응원해 준 사랑하는 아내 박한나와 우리 가정에 맡겨주신 세 보물인 해환, 한결, 하음이에게 진심으로 감사를 드린다. 그리고 마지막으로 아내와 남편을 먼저 하나님 품에 보내고도 믿음, 소망, 사랑으로 살아가시는 어머니 김복희 권사님과 장인어른 박상영 장로님께 머리 숙여 감사할 뿐이다.

# 내용

# PART 1

부르심

# 개척까지의 여정

# Story 1.
## 흑백 TV 같았던 유년 시절

어린 시절을 추억하는 일은 내게 마뜩잖다. 어린 시절이 그리 총
천연색의 컬러만은 아니었기 때문이다. 아버지와 어머니는 하루가
멀다 하고 다투셨고, 형님은 그런 부모님 사이에서 가출을 밥 먹듯
이 했고, 폭력도 일삼았다. 그러다 보니 중학생 때까지의 내 소원은
지긋지긋한 이 집을 내 힘으로 탈출하는 것이었다.

아버지는 찢어지게 가난한 가정 환경에서 자랐지만 자수성가하
셨는데, 자신의 성공을 위해 가정은 늘 뒷전이었다. 내 기억에 아버
지는 일주일에 2, 3일 정도만 집에 들어오셨던 것 같다. 그때까지만
해도 나는 다른 집 아버지들도 다 그러신 줄 알았다. 나중에서야 우
리 아버지가 유독 자유로운 분이셨음을 알게 되었다.

아버지가 가끔 집에 들어오실 때면 엄마는 아버지의 옷을 손으
로 찢기도 했고, 아버지는 그런 어머니를 폭력으로 제압하셨다. 아
버지와 어머니의 과격한 몸싸움이 있을 때면, 둘 중 한 분은 형님과

나를 데리고 집을 나가셨다. 한번은 아버지가, 한번은 어머니가…. 그렇다고 그리 멀리 간 것도 아니었다. 우리는 학교에 가야 했기에 집에서 조금 떨어진 여관에서 자고 보통 때와 같이 형님과 나는 등교했다. 이것이 내가 기억하는 유년 시절 우리 가정의 분위기다.

형님은 중학생이 되자 그런 가정환경에 대한 불만을 온몸으로 표현하기 시작했다. 술, 담배는 기본이었고, 조폭 친구들과 어울리며 선생님들의 통제를 벗어나 행동했다. 또한 당시 유행했던 건축용 본드를 흡입하는 등의 생활들을 통해 현실의 괴로움을 벗어나고자 안간힘을 썼다. 현실에 대한 불만족은 자신을 괴롭히는 것을 넘어 자기보다 약한 자를 향한 폭력으로 나타났다. 형님의 스파링 상대 1호는 자기 힘으로 언제든 통제 가능한 바로 나였다. 라면을 끓여 오라고 해서 끓여 갔는데 맛이 없으면 때렸고, 비가 온 다음 날 길을 걷다가 신발에 진흙이 묻으면 왜 진흙을 피해서 걷지 않았냐며 때렸다. 학교에서 집에 왔는데 심부름시킬 내가 먼저 집에 와 있지 않았다고 때렸고, 때리는 중에 피했다고 또 때렸다. 때리다가 자기 분에 못 이겨 또 때렸고, 때리는 중에 엄마가 들어와서 눈물을 터트렸더니 엄마 앞에서 우냐고 또 때렸다.

초등학교 저학년 때부터 형님에게 이유 없이 맞고 살아온 내가 스트레스를 풀 수 있는 유일한 대상은 우리 집에서 키우던 진돗개 뽀삐였다. 나는 뽀삐와 잘 놀다가도 뽀삐가 내 말을 안 들으면 갑자기 화가 치밀어 올라서 나도 모르게 뽀삐를 마구 때렸다. 그냥 장난으로 한두 대 때리는 정도가 아니라 말 그대로 개 패듯이 팼다. 주먹으로 패다가 화가 풀리지 않으면 몽둥이로 팼다. 개가 아프면 콧기름이 사라지는 것을 그때 알았다. 내 화풀이 대상이었던 뽀삐는 콧기름이 사라지고 토하기 시작하더니 밥도 먹지 않고 자기 집에서 며칠을 나오지 않을 때도 있었다. 지금 생각해도 뽀삐에게 너무 미안하다.

"뽀삐야, 미안해…."

형님의 '묻지 마 폭력'은 내가 초등학교 저학년 때 시작해서 사춘기 절정에 이른 중3 때서야 비로소 멈추었다. 형님한테 심한 반항을 한 그날도 나는 이유도 모른 채 형님한테 맞고 있었다. 긴 막대기로 내 머리를 기분 나쁘게 툭툭 내리치던 그 순간, 무슨 용기가 생겼는지, 내 머리를 치던 막대기를 손으로 붙잡으며 형님한테 소리를 지르고 집을 뛰쳐나갔다. 형님이 쫓아올까 봐 무서워서 신발도 신지 않고 맨발로 달려 나왔다. 정신이 나간 사람처럼 길거리에서 소리를 지르며 뒤도 돌아보지 않고 달리고 달렸다. 그리고 건물 어디론가 들어가 바닥을 치며 신세 한탄을 했다. 왜 나에게는 이런 일이 끊이지 않냐고!

한참을 울고 나서 정신을 차려 보니 내가 엎어져 있던 곳은 교회

바닥이었다. 신발도 신지 않은 채, 두려움과 분노에 쫓겨 달려온 곳이 교회라니. '내가 교회로 달려간 것일까? 교회가 나를 자석처럼 끌어당긴 것일까?' 알 수는 없지만, 이런 나의 처량한 신세를 있는 그대로 받아 줄 수 있는 도피처는 그 당시에 교회밖에는 없었다. 교회는 어린 시절 나에게 놀이터였고, 삶의 일부가 아닌 전부라고 해도 과언이 아니었다. 부모님의 잦은 다툼으로 늘 불안해했던 유년 시절과 형님에게 이유 없이 맞았던 그 암울한 청소년 시기를 미치지 않고 버틸 수 있게 해 준 최고의 은인은 바로 교회였다.

# Story 2.

## 예수님을 만나도, 아무리 기도해도
## 내 인생에 기적은 없었다

6살 때 엄마의 등에 업혀 따라간 기도원에서 일방적으로 주님이 나를 찾아오셨다. '회개하라'라는 설교자의 그날 메시지가 40년이 지난 지금도 또렷이 기억난다. 어린아이에게 6년간 지은 죄가 많아 봤자 얼마나 많았겠는가! 그러나 '회개의 메시지'에 하염없이 흐르는 눈물과 콧물을 사람들에게 들키지 않으려고 나는 아무도 없는 곳으로 기어 갔다. 그리고 어른들이 쓰고 버린 휴지를 주워 흐르는 눈물과 콧물을 닦아 냈다.

나에게 무슨 일이 일어난 걸까? 그날 그 사건이 참된 회심일까? 나는 그날 예수님을 인격적으로 만난 것일까? 논리적으로, 신학적으로 딱히 설명할 길은 없다. 하지만 그날 이후로, 어린 내가 교회를 좋아하는 마음이 생겼다는 것은 분명하다. 중고등학생 형, 누나들이 교회에서 모여 기도회를 하면, 나도 그냥 거기에 끼어서 같이 울었다. 무엇을 위해 기도했는지는 기억이 안 나지만, 기도회 때마다 계속 울었던 것만 기억의 조각으로 남아 있다.

하루는 사촌 누나가 기도회에 참석한 나를 보고는 내게 걸어왔다. 갓난아기 때 당한 사고로 다리 장애를 입은 사촌 누나가 그 절뚝거리는 다리로 나를 향해 힘겹게 걸어오더니 나를 꼭 끌어안으며 기도해 줬다.

"하나님, 이 어린 영혼을 불쌍히 여겨 주시옵소서."

부모님이 세 번이나 이혼한 데다가 다리 장애라는 고통을 끌어안고 살아온 사촌 누나의 기도에 누나도 울고, 나도 울었다. 우리는 서로를 부둥켜안고 함께 울었다. 하나님을 향한 탄식인지, 우리네 삶에 대한 원망과 신세 한탄인지는 정확히 알 수 없었지만, 우리가 할 수 있는 것은 오로지 울며 탄식하는 것뿐이었다. 집으로 돌아오는 길에 누나의 그 외마디 기도가 내 심장에 새겨졌다. 어린 나는 어떻게 기도해야 하는지 몰랐지만 그 기도문을 붙잡고 매일 기도하기 시작했다. 기도를 위해 자리에 앉기만 하면 나는 누나가 들려준 그 기도로 기도를 시작했다.

'하나님, 이 어린 영혼을 불쌍히 여겨 주시옵소서!'

기도원에서 하나님께서 찾아오신 그날부터, 나는 청소년부 형,

누나들의 기도회에 참석해서 정말 간절히 자주 기도했다. 사촌 누나도 누구보다 열심히 기도했다. 하지만 사촌 누나는 여전히 장애인으로 살아가고 있고, 나는 형님에게 계속 맞아야만 했다. 맞으면서도 기도했고, 맞고 나서도 기도했다. 이 어린 영혼을 불쌍히 여겨 달라고. 하지만 내 인생의 상황은 결코 역전되지 않았다.

나 자신에게 질문해 본다.

'만약 6살밖에 안 된 나에게 그분이 일방적으로라도 찾아와 주지 않으셨다면, 지금 나는 어떤 모습으로 살아가고 있을까? 만약 초등학생 때 사촌 누나가 알려준 그 한 문장의 기도문으로라도 기도하지 않았다면, 지금의 나는 어떻게 변해 있을까?'

돌이켜 생각해 보면, 이해되지 않는 그런 방식으로라도 주님께서 나를 찾아와 주지 않으셨다면, 내 인생이 어떻게 망가졌을지, 그로 말미암아 이웃과 세상을 얼마나 망가뜨리며 살아왔을지 생각만 해도 정말 아찔하다. 그것을 다 아시는 주님께서 어린 나를 불쌍히 여겨 주신 것이 아닐까? 어린 영혼을 불쌍히 여겨 달라는 나의 간절한 울부짖음에 이미 응답하신 것은 아닐까? 내가 원했던 삶의 모습은 아니었지만(아니 누구도 이런 삶을 원하지 않을 것이다), 어린 시절의 경험을 통해 나는 고난 속에서도 기도하는 법을 배웠고, 고난이 나를 함몰시키지 못한다는 일체의 비결을 배울 수 있었다.

# Story 3.
## 하나님께서 기도하는 소년에게 찾아오시다

　어린 시절 답도 없고 소망도 없던 나에게 주님의 은혜가 찾아왔다. 존 스토트 목사님이 말씀하신 것처럼, 하나님의 은혜는 마치 '천국의 사냥개'처럼 끝까지 추적해서 나를 찾아내셨다. 고등학교 2학년 때, 바로 그 은혜에 가장 강력하게 사로잡혀 살았다.

　나는 그때 소위 '불'을 받았다. 기도하는 중에 모르는 언어가 입에서 나왔고, 기도만 하면 환상이 보였다. 아마도 어려서 말씀으로 하나님의 뜻을 분별할 수 없었기에 하나님은 내적 음성과 환상이라는 일시적인 방법을 통해 나를 세밀하게 인도해 주셨던 것 같다. 우리의 믿음 수준에 가장 알맞게 인도하시는 하나님이 우리의 아버지라는 사실이 얼마나 안전하고 감사한지 모르겠다.

　청소년 시절 그렇게 은혜를 받고 보니 예수님이 너무 좋아졌다. 예수님이 좋아지니 예배가 좋고 기도하는 시간이 좋아서 학교 마치고 집으로 바로 간 적이 거의 없었다. 어차피 집에 가 봤자 형님에게 맞거나 할 일 없이 뒹굴뒹굴하다가 잠만 잘 것이 뻔했다. 집에 가는 일이 그리 유쾌하지 않았던 나에게 교회는 진정한 도피처였고, 기도 시간은 이 땅의 모든 염려에서 벗어나 천상의 시간을 누리는 가장 복된 시간이었다.

매일 밤 야간 자율 학습을 마치고 교회에 들러 한두 시간씩 기도하다가 집으로 가곤 했다. 기도하다가 그 자세로 잠이 들어서 새벽에 집에 간 적도 한두 번이 아니었다. 늦은 밤, 교회에서 기도할 때마다 하나님께서 나를 얼마나 사랑하시는지, 그리고 지근거리에서 나와 동행하고 계심을 느끼게 해 주셨다. 그 믿음이 점점 내 인생의 실제가 되고 나니 더 많은 시간을 주님과 함께 보내고 싶어졌다.

그래서 나는 하교할 때뿐만 아니라 등교하기 전에도 새벽 기도를 갔다가 학교에 갔다. 누가 시켜서 한 것도 아니고, 그렇게 해야 좋은 대학을 간다거나 부자가 된다는 그런 기복적인 마음에 한 것도 아니었다. 그저 나 같은 죄인을 사랑해 주시는 예수님이 너무 좋았고, 그분의 사랑 안에 날마다 거하며 하루를 살아갈 힘을 받는 그 자체가 너무 좋아서 선택했을 뿐이었다.

그럼에도 사람의 의지라는 것이 얼마나 약한가? 나도 내 연약함을 너무나 잘 안다. 만약 이런 생활을 나 혼자서만 해야 했다면, 아마도 작심삼일이었을 것이다. 그런 의지박약인 내가 새벽 기도와 저녁 기도 생활을 지속할 수 있었던 것은 그 시간에 교회에서 함께 기도하던 교회 친구들이 나 외에도 여럿 있었기 때문이다. 학교 수업이 끝나면, 약속한 것도 아니었는데, 먼저 온 사람부터 한 사람씩 교회 장의자에 자리를 잡고 앉아서 기도하기 시작했다. 적게는 5-6명, 많게는 20여 명까지 야간 자율 학습을 마친 고등학생들의 기도는 매일 이어졌다. 이렇게 나와 친구들은 학기 중에는 매일 밤 기도하고, 방학 중에는 수련회와 같은 신앙 훈련을 받으면서 하나님과의 관계는 더욱 뜨거워졌다. 그리고 친구들과의 우정도 신앙 안에서 더욱 끈끈해지고 친밀해졌다.

고3 여름 방학 어느 날이었다. 그날은 기도가 도무지 멈추질 않았다. 성령의 역사가 어느 개인 한두 사람에게 임한 정도가 아니라 거기 모인 우리 모두를 하나로 감싸 안고 있음을 경험했다.

그날도 여느 때처럼 먼저 온 두세 사람 정도가 기도를 시작했다. 시간이 지날수록 문 열리는 소리와 함께 발소리가 하나둘씩 들렸다. 호기심이 발동해서 기도하다 말고 잠시 눈을 떠서 주위를 둘러보았다. 두세 사람밖에 없었던 자리에 어느새 스무 명 남짓의 친구들이 모여 기도를 하고 있었다. 처음에는 모두가 잠잠히 기도했지만, 시간이 갈수록 한 사람 한 사람 흐느껴 울기 시작했다. 자신의 죄 때문인지, 이웃을 위한 기도를 하다가 그랬는지는 알 수 없지만, 가슴을 치며 애통해하는 우리들의 간절한 기도는 도무지 멈추지 않았다. 개인 기도가 끝난 친구들은 마치 짠 것처럼 자연스레 주위 친구들에게 다가가서 그의 어깨를 감싸거나 때로는 서로를 얼싸안으며 계속해서 기도를 이어 갔다.

그렇게 뜨겁게 기도하던 순간, 내 눈앞에 기이한 장면이 펼쳐졌다. 두 개의 지구본이 내 두 손 위에서 하나씩 돌아가고 있었다. 처음 있는 일이라 놀라기도 했지만, 너무 신기한 나머지 한참을 어린아이처럼 보고 있었는데, 어느 순간 그 두 개의 지구본이 갑자기 하나로 합쳐졌다. 그것을 본 나는 한참을 웃었다. 내 스스로도 제어할 수 없는 웃음이었다. 기도를 많이 해서 미친 걸까? 그런데 이상하게 그런 기이한 현상을 겪으면서도 내 마음은 두려움이 아닌 평안함으로 가득했다. 내 옆에서 함께 기도하던 친구들도 내 모습을 보면서 정신 나간 사람이라고 생각하지 않고, 오히려 내 모습이 너무 행복해 보여서 자신들도 너무 기뻤다고 고백했다.

감사하게도(?) 이런 신비한 체험은 그 후에 다시 일어나지 않았다. 하지만 그 일은 내 평생 잊을 수 없는 사건이 되었고, 그날 보게 된 그 환상은 앞으로 살아갈 방향을 정해 준 내 인생의 중요한 길잡이가 되었다. 새로운 꿈이 생긴 것이다. 그것은 바로, 바울이 말한 대로 '하늘과 땅이 통일되는 것'(엡 1:10)이었다. 하지만 그 환상을 해석하고 이해하는 데에는 꽤 긴 시간이 걸렸다.

그 이후의 내 삶을 복기해 보면, 그날 그 사건은 마치 하나님의 광야 학교 입학식이었던 것 같다. 나는 그 신비한 환상을 보면서 엄청난 사역에 쓰임 받을 거라 생각했다. 하지만 하나님은 내가 예수님 닮은 제자로 변화되길 원하셨다. 하나님의 길과 내 길은 달랐고, 하나님의 시간표와 내 시간표는 달라도 너무 달랐다. 나는 조급했지만, 하나님은 조금도 서두르지 않으셨다. 나는 매 순간 실수했지만, 그분은 조그마한 실수도 없이 완벽한 타이밍과 완벽한 방법으로 나에게 하나씩 가르쳐 주시며 조금씩 이끌어 주셨다. 맥스 루케이도(Max Lucado)가 『예수님처럼』에서 말한 것처럼 "하나님은 나를 있는 모습 그대로 사랑하시지만, 지금 모습 그대로 내버려 두지는 않으셨다. 나를 빚어 가셨다. 예수님처럼."[1]

그날 이후의 모든 시간은 나의 부끄러운 실패 이야기라고 해도 과언이 아니다. 하지만 하나님은 나의 실패의 조각들을 하나로 엮으셔서 놀라운 당신의 이야기를 써 가고 계셨다. 만약 내 삶에 그런 광야의 시간이 없었더라면 나는 어떻게 됐을까? 아마도 나는 교만해져서 스스로 나락의 길로 떨어졌을지도 모르겠다. 뿐만 아니라 신비한 체험들은 선민 의식이 되고, 긴 기도 시간은 자기 의가 되며, 지나친 열심과 헌신은 우월 의식이 되어 그렇지 않은 타인을 향한 정죄와 비난을 일삼는 현대판 바리새인이 되어 있지 않았을까? 생

---

1  맥스 루케이도, 『예수님처럼』, 윤종석 역 (서울: 복있는사람, 2006), 15.

각만 해도 아찔하고 끔찍하다. 돌아보니 내 뜻대로 되지 않았던 지난 시간이 은혜였고, 하나님의 영광을 선포하는 감사와 찬송의 재료가 되었다.

그 광야 시간을 통과하며, 나는 큰일을 성취하는 것보다 사람을 진실하게 사랑하는 것이 하나님의 일임을 배웠다. 이러한 삶의 지향은 현재 개척 3년 차인 은혜의동산교회의 지향점이자 근본적인 토대가 되었다. 이제 그 여정을 이야기해 보려고 한다.

# Story 4.
## 엄마의 기도가 바뀌다

    고등학교 때 보게 된 환상을 해석하는 데 첫 번째 영향을 끼쳤던 것은 엄마의 기도였다. 엄마는 내 기도의 모델이자 기도의 스승이셨다. 엄마는 내가 아는 기도의 사람 중 최고이다. 엄마는 내가 배 속에 있을 때부터 교회 시멘트 바닥에 담요를 깔고 자주 철야 기도를 하셨다. 그 당시의 철야 기도란 저녁에 시작해서 다음 날 새벽 기도로 마치는 기도였으니 엄마의 기도의 삶이란 얼마나 처절했겠는가? 교회가 어렵거나 가정이 어려울 때면 즉시 예배당으로 달려가 하나님께 엎드리는 것이 엄마의 일상이었다. 그러니 기도의 분량에서도, 기도를 통해 경험한 하나님의 역사에서도 엄마의 기도를 따라갈 수 없을 정도였다. 그렇게 엄마의 기도하는 뒷모습을 따라 나도 기도의 사람으로 자라고 있었다.

    엄마의 가장 큰 특징은 자신이 요즘 무엇을 위해 기도하고 있는지, 그리고 그 기도한 것들에 대해 하나님께서 어떻게 응답해 주고 계시는지를 나와 형님에게 종종 이야기해 주신 것이었다. 엄마는 기도하는 모습을 몸소 보여 주셨을 뿐 아니라 기도의 여정도 우리에게 공유해 주셨다. 그런데 자녀들을 위해 어떤 내용으로 기도하고 계신지를 친구들 앞에서도 스스럼없이 말씀하고 다니셔서 부끄러움은 항상 우리의 몫이었다.

"야들아, 우리 종워이는 오대양 육대주를 돌아다니면서 복음 전하는 사람으로 살 끼다."
"시끄럽다. 조용히 쫌 해라! 쪽팔려 죽겠다. 아~~놔!"

가뜩이나 다른 사람보다 목소리가 배나 큰 엄마의 선포가 쏟아질 때면 나는 쥐구멍에라도 들어가 숨고 싶었다. 그런데 믿음은 들음에서 난다고 하지 않던가? 친구들 앞에 던져진 부끄럽고 창피한 엄마의 쩌렁쩌렁한 선포도 한 번이 두 번 되고, 두 번이 세 번 되고, 그것이 반복되고 반복되어 수십 번 듣다 보니 신기하게도 어느새 엄마의 기도가 내 기도가 되어 있었다. 사람들이 나에게 진로와 꿈을 물어보면 나도 모르게 엄마의 말로 대답하고 있는 나를 발견하게 되었다.

"종원 형제는 꿈이 뭐예요?"
"저는 오대양 육대주를 돌아다니면서 복음 전하는 선교사가 되려고 합니다!"

이것은 엄마에게 당한 세뇌인가? 아니면 하나님의 부르심인가? 나도 헷갈리기 시작했다. 하지만 기도를 통해 두 개의 지구본이 하나가 되는 환상을 본 것. 그리고 그 이후로 엄마가 친구들이 모일 때면 스스럼없이 "우리 종워이는 오대양 육대주를 돌아다니며 복음 전하는 사람이 될 끼다"라고 선포하신 것. 이것을 우연의 일치라고만 보기에는 무엇인가 보이지 않는 손이 있을 것이라는 생각이 들었다.

게다가 그 당시 나를 위해 함께 기도해 주던 주변 사람들로부터 성경 말씀과 다양한 사인을 통해 내게 선교사로서의 부르심이 있는 것 같다는 말을 자주 듣다 보니 어느새 나는 선교사로 사는 삶에 대한 꿈과 비전을 키워 가고 있었다. 그래서 대학에 들어가자마자 캠퍼스 선교 단체가 아닌 해외 파송 선교 단체에 들어가서 정식으로 선교사 훈련을 받았고, 20대 때에만 열다섯 개의 나라에 단기 선교를 다니며 장기 선교사로서의 삶을 준비해 갔다.

그런데 대학을 졸업할 무렵부터 엄마의 기도가 바뀌기 시작했다. 엄마는 전과 같이 자신이 하는 기도의 내용을 나에게 알려 주셨다.

"아들아, 나는 이제 니가 오대양 육대주 돌아다니면서 복음 전하는 선교사가 되게 해 달라고 기도 안 한다. 이제 이렇게 기도한다. '하나님, 우리 아들이 요한과 같은 사랑의 사도가 되게 해 주세요'라고."

이건 또 뭐지? 내가 대학을 졸업하고 선교사로 나가는 것이 엄마한테 부담이 되었나? 엄마도 사람인지라 경제적으로 뒷바라지하며 아들 노릇 할 사람이 한 사람 줄어들 거라 현실적으로 고민이 된 것인가? 왜 엄마는 갑자기 기도를 바꾸셨고, 왜 바뀐 기도의 내용을 나를 만날 때마다 이야기하시지?

창세기 49장에는 야곱이 자녀들에게 유언하는 장면이 나온다. 야곱은 요셉이 사는 이집트 고센 땅에 와서 지금까지 지켜본 열두 아들의 삶을 세밀하게 살핀 뒤, 그들이 삶에서 버려야 할 것들은 버리고 새로운 삶을 향해 나아가길 바라는 사랑을 담아 각자의 분량대로 유언을 남긴다. 어떤 자녀들에게는 무시무시한 저주와 심판적 메시지가 담긴 유언으로, 또 어떤 자녀들에게는 중립적이고 보편적인 유언을, 그리고 유다와 요셉 두 아들에게는 특별히 흘러넘치는 축복의 말들을 유언으로 남긴다. 이것은 야곱의 유언대로 자녀의 미래가 결정된다는 의미가 아니다. 오히려 그 아버지의 유언을 토대로 자녀들이 앞으로 어떤 삶을 살지를 주체적으로 선택하며 살라는 아버지가 줄 수 있는 최고의 사랑이며 선물이다.

그렇다면 나는 엄마의 기도를 어떻게 이해하고 받아들여야 좋을까? 부모의 서원 때문에 강제로 신학교에 앉아 있는 이들과 같이 나도 엄마의 기도 때문에 원치 않는 삶을 살아야만 할까? 아니면 엄마의 기도를 통해 하나님께서 내게 원하시는 길을 주체적으로 선택하며 살아가야 할까?

스무 살부터 시작된 선교 훈련, 15개국의 단기 선교를 경험하며 나는 평신도 선교사로 부름을 받았다고 확신했다. 그런데 신기하게도 선교지에 나가려고 여러 번 도전하고 시도했으나 그때마다 길이 막히고 선교사로서의 꿈은 좌절되는 듯 보였다. 마치 바울 선교 팀이 2차 선교 여행 때 아시아로 가려 했으나 예수의 영이 허락하지 않았듯이 말이다. 그때마다 나는 엄마의 기도가 생각났다.

"하나님, 우리 종위이가 요한과 같은 사랑의 사도가 되게 해 주세요."

엄마의 두 번째 기도는 내 부르심을 조금 더 선명하게 이해시켜 주는 빛이 되었다. '선교사로 나갈 것인지, 지역 교회의 목회자가 될 것인지'가 아니라 '그곳이 어디든 내가 있는 곳에서 하나님께서 맡겨 주신 사람들을 사랑할 것인지'가 모든 그리스도인의 궁극적 부르심이라는 사실이었다.

사업가든지, 학교 선생님이든지, 공무원이나 연구원이든지, 법조인이든지, 문화 예술 영역에 속한 사람이든지 간에 우리는 우리가 속한 영역에서 사랑받고 사랑하는 자로 부름을 받았다. 하나님께서 먼저 우리를 사랑하신 그 사랑으로 이웃들을 사랑하고 또 세상을 사랑하는 것. 그것이 나의 부르심이고, 은혜의동산교회의 부르심이다. 하나님은 엄마의 기도를 통해 나를 이 사랑의 부르심으로 초대해 주셨다.

# Story 5.

## 김 전도사님은 경험해 봐야 알아요

고3 때 두 개의 지구본이 하나가 되는 환상을 본 것이 나를 향한 분명한 하나님의 부르심이라 생각했다. 대학 입시를 준비할 때에도 선교와 관련된 전공이 있는 학교를 선택했다. 그래서 선택한 전공은 '외국어로서의 한국어 교육'이었다. 이 전공이라면 외국 어디나 나갈 수 있을뿐더러 선교사로서가 아니라 전문 직업을 가진 선교사로 나갈 수 있겠다고 생각했다. 게다가 해외뿐만 아니라 한국에서도 외국인을 만나기에 쉬운 전공이다 보니 한국과 외국 어디에서든 선교사로서의 삶이 가능하겠다는 판단이 들어서 기쁘게 선택했다.

대학교에 들어가자마자 전공 공부를 열심히 했고, 선교사가 되기 위한 실제적인 준비를 위해 해외 선교 단체에 들어가서 훈련도 열심히 받았다. 한국에 들어와서 전해 주시는 선교사님들의 강의와 현장 이야기를 들을 때마다 선교사님들을 통해 일하시는 하나님의 역사에 점점 매료되었고, 20대에 15개국 단기 선교를 다니며 선교사로서의 꿈을 조금씩 키워 나갔다.

그러나 대학을 졸업할 때 즈음, 당시 한국 교회 분위기상 평신도로서 선교사 파송 받는 일이 쉽지 않다는 사실을 알게 되었다. 그래서 당시 출석하고 있던 교회의 목사님들께 이런 고민을 나누었고, 목사님들은 하나같이 신학대학원에 들어가 졸업을 하고 목사 안수를 받은 후 선교사로 나갈 것을 권면해 주셨다. 목사가 되어 선교사로 나가는 것은 처음 내가 꿈꿨던 것과는 달랐기에 졸업 후 직장을 다니며 2-3년간 이 문제를 치열하게 고민했다. 그리고 마침내 20대의 마지막 해에 신학대학원의 문을 두드리기로 했다. 또한 나는 작은 지역 교회의 청소년 부서를 섬기는 전도사가 되었다.

한국에서의 목회는 내가 꿈꾸거나 생각했던 진로와는 전혀 다른 길이었다. 그럼에도 불구하고 전도사로 사는 삶도 그리 나쁘지는 않았다. 한 영혼을 사랑하고 섬기는 일에는 언제나 주님께서 주시는 큰 기쁨이 있었기 때문이다. 그렇게 즐겁게 사역을 하고 있던 어느 날, 필리핀의 한 국제 학교로부터 한국 학생들을 섬길 교목으로 와 줄 수 있겠냐는 제안을 받았다. 이 말을 듣자 교회 사역자로 살면서 잠시 잊고 지냈던 선교사의 꿈이 불 일 듯 일어났다. 그래서 조심스레 담임 목사님을 찾아갔다.

"목사님, 얼마 전 필리핀의 한 국제 학교로부터 교목으로 와 줄 수 있겠냐는 제안을 받았습니다. 어떻게 하면 좋을까요?"

어렵게 드린 말씀이었는데, 목사님은 너무 쉽게 대답해 주셨다.

"그렇게 하세요."

"네? 정말요?"

"네. 김 전도사님은 선교지에 다녀오지 않으면 계속 부르심에 대해 고민만 할 거 같아요. 현장에 가 보면 국내에서의 목회가 부르심인지, 해외에서의 선교가 부르심인지 하나님의 뜻을 분명히 알게 될 거 같아요. 우리 교회가 파송을 해 줄 테니, 가서 마음껏 사역해 보세요."

꿈만 같았다. 선교사가 되고 싶다는 기도를 한 지 정확히 10년 만이었다. 그저 하루하루 주어진 삶을 살다 보니 잠시 잊고 있었는데, 하나님은 내가 전혀 생각지도 못한 방법으로 나를 선교지에 보내셨다. 그것도 파송 교회까지 세워 주셔서 말이다.

# Story 6.
## 제자 훈련 1기 훈련생

선교지에 나갈 때, 나와 아내는 결혼한 지 채 2년이 안 된 신혼부부였다. 그럼에도 불구하고 부르심에 순종하는 마음으로 혼수품으로 장만한 새 가구들과 가정용품들을 주변 이웃들에게 다 나눠 주고 다시 돌아오지 않을 사람처럼 한국을 떠났다. 우리는 그 학교에 다니는 청소년들을 말씀과 기도로 훈련하여 필리핀과 아시아 국가들, 더 나아가 세계와 열방을 품는 그리스도의 제자로 세우는 가슴 벅찬 꿈을 가지고 필리핀에 도착했다. 하지만 하나님의 생각과 내 생각은 달라도 너무 달랐다. 하나님의 제자 훈련 1기 훈련 대상은 그 학교의 청소년들이 아니라 바로 나와 우리 가정이었다.

처음에는 학교 사역만 감당하면 되는 줄 알았다. 하지만 막상 현장에 도착해서 학교의 실상을 보니 그것은 착각이었다. 주중에 '교목'으로서 학교에서 성경도 가르쳐야 했고, 매일 아침과 저녁에는 기숙사에서 아이들 생활을 지도하는 '사감'으로 공동체 생활을 해야 했다. 또한 수요일과 주말에는 학교 내에 있는 '교회의 담임 목회직'도 감당해야 했다.

물론 공동체 생활과 교회 사역이 내게 완전히 새로운 일은 아니었다. 공동체 생활은 20살 대학생 시절부터 일상이었다. 왜? 돈이 없었으니까. 대학 시절 내내 같은 교회를 다니던 형, 친구들과 함께 월세를 나눠 내며 대여섯 평 남짓한 원룸에서 3-4명이 공동체 생활을 했었다. 졸업 후, 선교 단체에 있을 때나 교회 사역을 할 때도 사람들을 집으로 불러서 함께 먹으며 밤이 늦도록 교제하는 일은 나에게 숨 쉬듯 자연스러운 일상이었다.

교회 사역은 어떤가? 나는 모태 신앙인으로 마치 물고기가 물을 떠난 적이 없듯이, 태어날 때부터 교회를 떠난 적이 없었다. 교회는 나의 고향이었고, 삶의 중심이자 전부였다. 그래서 '부서를 섬기는 것과 교회 전체를 섬기는 것이 뭐 그리 크게 다르겠나?'라는 위험천만한 생각을 가지고 교회를 맡겠다고 덤벼들었다. 결과는? 말해 무엇하겠나. 처참한 실패였고, 나는 한국으로 돌아와야만 했다.

첫 번째 문제는 나의 '사랑 없음'이었다. 당시까지 내 인생에서 스스로 가장 자신 있다고 여겼던 것이 인간관계였다. 하지만 30여 명의 청소년들과 공동체 생활을 하며 내가 얼마나 사랑이 없는 자인지 뼛속까지 깨달았다. 나는 그들을 사랑하는 데 완전히 실패했다.

두 번째 문제는 '성경에 대한 무지'였다. 매주 일주일에 4번, 학교에서 아이들에게 성경 수업을 하면서 내가 성경을 얼마나 모르는 사람인지 절실히 깨달았다. 혼자 성경을 읽으며 은혜를 누릴 줄 아는 묵상하는 그리스도인이긴 했으나 성경 66권 전체에 흐르는 신학과 세계관이 없으니 성경을 가르치고 설교를 하면서도 내가 전하는 말씀에 대해 나 스스로 확신을 하지 못했고, 본문에 대한 강조점들은 그때그때 달랐다. 목회자가 스스로 말씀의 깊은 샘물을 길어 올리지 못하는데, 어찌 성도들에게 꿀을 먹이고 생명의 양식을 나눠 줄 수 있겠는가? 결국 시간이 가면 갈수록 나도, 학생들도 점점 영적 영양실조에 걸린 사람처럼 무기력한 그리스도인이 되어 갔다.

하지만 무엇보다 나를 가장 아프게 하고, 선교지를 떠나 한국으로 돌아와야겠다고 결심하게 한 궁극적인 원인은 세 번째 문제였다. 바로 '교회론의 부재'였다. 다시 말해 교회가 뭔지 몰랐다. 나는 교회를 떠난 적이 없었다. 엄마 배 속에서부터 교회와 나는 분리할 수 없는 하나였고, 한 몸이었다. 누구보다 교회를 잘 알고 있다고 자부했었다. 열정과 패기 넘치는 서른 살에 담임 목사가 되었으니 열심으로는 누구에게도 뒤처지지 않았다. 그런데 그 열심이라는 것이 어릴 때부터 경험한 교회의 문화를 답습하는 열심이었다. 교회를 섬긴 지 약 6개월이 지날 즈음, 덜컥 겁이 나기 시작했다. 그리고 나 자신에게 질문했다.

'내가 지금 제대로 가고 있는 것 맞나? 뭔가 열심히는 하고 있는데, 왜 내가 하는 일에 확신이 서지 않지? 이제껏 경험한 교회의 모습을 흉내 내 내며 열심히 하고 있긴 한데, 이제껏 내가 경험한 교회가 성경이 말하는 교회의 모습과 같을까? 아니 비슷하기라도 할까?'

이 질문에 '그렇다'라고 나 자신에게 답할 자신이 없었다. 당시 겉으로 볼 때는 교회에 아무 문제가 없었다. 주변 사람들이 나에게 사역을 왜 그렇게 하냐고 비난한 적도 없었다. 오히려 나의 열정과 열심에 박수를 쳐 주었다. 그리고 아이들과 스태프들도 나를 너무나 좋아했고, 겉으로 볼 때는 열매도 많아 보였다. 문제는 나 스스로에게 확신이 서지 않는 것이었다. 사역을 하면 할수록 뭔가 잘못 가고 있다는 생각을 지울 수가 없었다. 결국 학교 학생들을 그리스도의 제자로 삼아 열방을 섬기겠다는 보랏빛 꿈은 2년 만에 산산조각이 났고, 나 스스로를 실패자로 여기며 귀국했다.

# Story 7.
## 나는 아무것도 아닙니다

한국으로 돌아와 찾아간 곳은 교회가 아니라 도서관이었다. 교회가 뭔지 몰라서 선교와 교회 사역을 중도 하차하고 돌아온 사람이 다시 교회 사역을 하는 것은 성도들에게 죄를 짓는 행동이라는 생각이 들었다. 그래서 그토록 좋아하던 사람 만나는 일도 끊고, 사역도 멈추고, 오직 공부하고 공부하고, 또 공부했다. 2-3년간 그렇게 깊이 천착한 주제는 바로 '교회'였다. '교회란 무엇인가?'를 나 자신에게 질문하며, 한스 큉, 레슬리 뉴비긴 등 교회론에 관한 책이라면 눈에 띄는 대로 집어서 읽었다. 코로나 19 팬데믹을 겪으면서 교회에 대한 진지한 성찰과 함께 교회론 관련 서적이 꽤 많이 나왔지만, 필리핀에서 귀국한 직후인 불과 15년 전만 해도 교회에 관한 책은 그리 많지 않았다.

그렇게 교회에 대한 성서적, 신학적 토대를 정리한 뒤, 옥한흠 목사님을 비롯해 한국에서 제자 훈련으로 건강한 교회를 세우는 일에 공을 세웠던 분들의 교회론과 교회 개척 이야기에 대한 책을 하나 둘 읽어 나갔다. 시간이 지나면서 교회에 대한 희미하고 뿌연 시야가 점점 선명하고 환해지는 느낌을 받았다. 그 과정에서 참 많이 울었다. 어리고 미성숙한 목회자의 무지 탓에 상처 받았던 성도들이 생각나서. 나의 미숙함을 알면서도 성장하고 자라도록 참고 기다리며 지지해 줬던 성숙한 교회의 어르신들에게 죄송하면서도 감사해서. 그렇게 주님은 나의 무지를 진리로 채우시고, 당신의 영광스러운 사역에 다시금 초대해 주셨다.

도서관에서 교회를 고민하고 교회를 꿈꾸며 외로이 책을 읽던 어느 날, 마음 저 깊은 곳에서 다시금 주님의 음성이 들리는 듯했다.

"나의 사랑, 나의 어여쁜 자여, 일어나 함께 가자!"

교회를 개척한 목사님들에게는 꼬리표처럼 따라오는 질문이 있다. '언제, 어떻게 교회 개척을 생각하게 되셨어요?'라는 질문이다. 나에게도 이 질문은 예외가 아니었다. 그때마다 나는 부끄러운 내 과거사를 공유한다. 나의 부르심은 실패의 자리였다고. '사랑의 실패', '성경과 교회에 대한 무지'. 한마디로 목회자로서는 빵점짜리 목회자였다고. 하지만 역으로 성경과 교회가 무엇인지 몰랐던 수치와 자괴감은 성경과 성경 속 교회가 무엇인지에 대한 탐구와 학문에 대한 열정의 재료가 되었다. 나는 도서관에서의 그 고독하고 외로웠던 시간을 통해 성경이 처음부터 마지막까지 '하나님 나라'라는 메타 내러티브를 이야기하고 있음을 알게 되었다. 그리고 그 하나님 나라의 완성을 위해 하나님은 지금도 그리스도의 몸인 교회를 세우셔서 만물을 회복시키고 계신다는 사실을 깨닫게 되었다. 그 후 내게는 이 원대한 하나님의 계획에 참여하고 싶은 꿈이 생겼다. 그것이 교회 개척에 대한 첫 부르심이었다.

하지만 누구나 그렇듯 하나님의 부르심에 첫걸음을 떼는 데에는 꽤 오랜 시간이 걸렸다. 꿈만 있다고 되는 것은 아니기 때문이다. 우리가 잘 알듯이 꿈과 확신만 가진 사람이 제일 위험하고 무섭지 않은가? 하나님의 시선에서 볼 때, 내게는 준비되어야 할 것들이 너무나 많았다. 필리핀에서 돌아온 이후로 정확히 10년이 지나서 교회를 개척했다. 그 10년의 시간은 나에게 요셉처럼 채색옷이 벗겨지는 시간이었고, 야곱처럼 환도뼈가 부러지는 시간이었으며, 모세가 광야에서 40년간 양 치는 시간과 같았다. 그 시간은 정말 아팠고 절망스러웠으며, 지루했고 고통스러웠다. 한번은 나의 연약함 탓에 교회에서 쫓겨났고, 한번은 공황 장애로 교회 사역을 멈춰야만 했다. 결국 나는 모든 꿈을 접었고, 내 현실에 눌러앉기로 결심했다.

"I am nothing!"

# Story 8.
## 공황 발작이 일어나다

"어떻게 교회를 개척하게 되셨어요?"라는 질문에 빠질 수 없는 사건 중 하나가 '공황 장애'다. 2019년 12월 1일, 설교하는 도중 몸에 마비가 왔다. 설교를 듣던 성도들은 내가 움직이지 않고 말하지 않는 상태로 오랫동안 서 있으니까 설교를 하다가 감정이 북받쳐 울고 있는 줄 알았다고 말씀하셨다. 그렇게 1분여가 지나자 성도님들 중에 한두 분이 이상한 낌새를 느끼시고는 나를 부축하러 강단으로 나오셨다. 그리고 몸이 서서히 굳어 가는 나를 부축해서 목양실까지 끌고 가셨다.

목양실에서도 식은땀을 흘리며 온몸이 뒤틀려 마비가 돼 말을 못 하는 나를 성도님들이 주물러 주셨다. 또 다른 성도님은 119 구급차를 불러 주셨다. 예배 시간 중간에 일어난 일이니 성도님들이 얼마나 놀랐겠는가! 평소에 심장이 안 좋은 것을 아시는 성도님들이 혹시나 심장 쪽에 문제가 있는 줄 아시고, 충남대 병원 응급실에서 심장 검사를 받게 해 주셨다. 심장 검사를 마치고 나온 나와 우리 성도님들에게 의사 선생님은 조심스레 입을 떼셨다.

> "심장 쪽이 아니라 정신과 쪽 치료를 받아 보시는 게 좋을 것 같습니다. 확실치는 않지만, 공황 발작일 가능성이 있습니다."

공황 장애도 아니고 공황 발작이라니! 황당했다. 나에게 이런 일이 일어나리라고는 꿈에도 생각해 보지 못했다. 당시 섬기던 교회의 권사님이 10여 년간 공황 장애로 약을 먹고 계셨는데, 그분은 내가 쓰러지는 모습을 보면서 처음부터 목사님이 공황 장애일 거라고 생각하셨다고 했다. 그리고 그 권사님은 평소에 다니시던 병원을 소개해 주셨다. 다음 날 정신과에서 받은 병명은 '급성 공황 발작'이었다.

나는 성도들에게 심려를 끼친 것이 너무나 미안하고 죄송해서 담임 목사님께 조심스레 사임 의사를 밝히며 쉬고 싶다고 했다. 그때 목사님과 당회는 "아픈 사람이 사임하게 하는 것은 교회로서의 도리가 아니다"라며 내게 한 달간의 휴가를 주셨다. 주일에도 사역하지 않고, 예배에만 참석할 수 있도록 배려해 주셨다. '한 달간 쉬면 괜찮겠지'라고 생각했고, 1주일 정도 지나 괜찮은 것 같아 다시 조금씩 할 일을 해 나갔다. 교회에서 가장 바쁜 12월이었기에 다른 교역자들에게 폐를 끼치는 것 같아 너무 미안해서 마냥 혼자 쉬고 있을 수만은 없었다. 그리고 성탄절 준비에 투입됐다. 성탄 발표 때 청소년부 아이들과 함께할 공연을 기획하고 준비하면서 조금씩 컨디션을 회복해야겠다고 생각했다.

토요일이었다. 아이들을 모아 연습할 것들을 알려 주고, 연습을 마친 뒤 아이들을 집으로 데려다주는 차 안에서 운전을 하다가 다시 한 번 공황 발작이 왔다. 만약 우리 차 뒤에 다른 차가 오고 있었더라면 정말 위험한 상황이 될 뻔했다. 도로에 차를 세워 두고 잠시 멈춰 서서 굳어진 몸을 혼자 주무른 다음에 남은 힘을 다해 겨우 집까지 운전해 갔다.

아내는 도로 한복판에 세워진 차 안에서 공황 발작으로 누워 있는 남편의 모습을 생각하며 울었고, 그 모습을 보며 나도 울었다. 아내는 목회를 위해 온몸을 갈아 넣으며 열정적으로 사역하던 남편이 평소와는 전혀 다르게 힘없이 누워 있는 모습을 보며 이 현실을 선뜻 받아들이기 어려웠던지 절망적인 마음에 하염없이 울었다. 그 모습에 한 아내의 남편으로서, 아이들의 아빠로서 가장의 책임감이 어깨를 짓눌렀다.

서로가 그렇게 한참을 울다가 내가 먼저 힘을 내서 아내에게 말했다.

"여보, 내가 앞으로 계속 목회를 할 수 있을까? 목회가 아니더라도 이전처럼 다시 건강한 모습으로 생계를 위해 살아갈 수 있을까?"

그때 아내로부터 들은 말이 꼭 하나님께서 내게 들려주시는 위로로 들렸다. 그 말은 내 평생 잊을 수 없는 대답이었다.

"당신 이제 목회 안 해도 돼. 돈 안 벌어 와도 돼. 그런데 난 당신 없으면 안 돼."

아내의 그 말에 한 줄기 빛이 비추었다. 복음이 선명하게 이해되는 순간이었다. 다시금 잊고 지냈던 하나님의 사랑을 회복하는 시간이었다.

'그래, 맞아. 하나님이 내게 원하셨던 것은 목회의 성공이 아니었어. 하나님이 내게 원하셨던 것은 나 자신이었어. 나와 사랑하는 관계를 맺는 것. 하나님이 사랑하시는 그 사랑으로 내가 스스로를 너무나 소중히 여기고 행복해하는 삶. 그리고 그 사랑과 행복으로 나와 함께 하는 이웃과 내게 잠시 맡겨 주신 교회 공동체를 사랑하고 그들에게 내게 주신 행복을 선물하는 삶. 그리고 그 성도들과 함께 우리 주변의 이웃과 세상을 돌보며 섬기는 삶. 그것이 하나님이 내게 원하시는 거였어.'

이 단순한 진리를 왜 그렇게 잊고 살았던가? 뭐 그리 대단한 일을 이루어 보겠다고 전전긍긍하며 나도, 타인도 힘들게 하면서까지 서로를 고통 속으로 몰아넣고 있었던가?

# Story 9.
## 공황 장애도 부르심

그전까지 나는 내 인생에서 큰 실패를 겪어 본 적이 없었다. 아주 대단한 성취와 업적을 이룬 적도 없지만, 그렇다고 해서 노력해도 안 되는 큰 좌절도 겪은 적이 없었다. 하지만 공황 장애는 나에게 아무리 노력해도 안 되는 삶이 있다는 깨달음을 선물해 주었다. 아무리 노력해도 안 될 때가 있다는 사실을 발견하자, 내 주위의 새로운 사람들이 보이고 그들의 목소리가 들리기 시작했다.

'아, 세상이 이렇게 심각하게 깨어져 있었구나! 세상에 이렇게 아픈 사람이 많았구나!'

어떤 스님은 멈춰야 비로소 보이는 세상이 있다고 했던가? 그 아픔의 시간을 통해 나는 고백하게 되었다. 아파 봐야 비로소 보이는 세상이 있고, 들리는 목소리가 있다고.

공황 장애에 걸린 후, 신자든 비신자든 구분 없이 정말 많은 사람들이 나에게 기도와 응원을 보내 주셨다. 그리고 나를 향한 응원과 격려 끝에 빠지지 않고 따라온 말들이 있었다.

"목사님, 꼭 나으시길 기도할게요. 걱정하지 마세요. 하나님이 목사 님을 이전보다 훨씬 더 크게 쓰실 테니까요."

그 말을 들을 때마다 나 또한 조금도 망설임 없이 대답했다.

"죄송하지만, 저 안 나아도 괜찮아요. 제가 아프고 나서 알게 된 현실 이 있어요. 세상에는 아팠다가 나은 사람도 있고, 낫지 않고 계속 아 픈 사람도 있더라고요. 또 어떤 사람에게는 상황이 나빴다가 좋아지 기도 하지만, 어떤 사람들은 상황이 좋아지긴커녕 계속 어렵거나 더 어려운 현실 속에서 버티며 살아가기도 하더라고요. 오히려 후자의 사람들이 생각보다 많았고요. 제가 아파 보니까, 아팠다가 나은 사람 이 하는 말보다 여전히 아픈 중에도 의연하게 주님 따라가며 살아가 는 사람의 말이 훨씬 더 저에게 위로가 되더라고요. 부족하지만 저도 누군가에게 그런 희망을 선물하는 사람이 되면 좋겠어요."

목회를 하면서 공황 장애라는 병을 얻은 것은 사실이지만, 역설 적이게도 나는 건강할 때보다 훨씬 더 큰 은혜를 누리며 살고 있다. 이 시간을 통해 하나님께서 바울에게 들려주신 "내 은혜가 네게 족 하도다"라는 말씀이 이해가 되었다. 이것은 힘든 상황에서 스스로를 위로하려는 바울 내면의 목소리가 아니었다. 자신의 약함과 육체의 가시가 더 이상 자신을 괴롭히지 못하는 하나님의 은혜를 맛본 자만 할 수 있는 진실한 고백이었다.

놀랍게도 은혜의동산교회에는 목사가 공황 장애라서 그런지 개척 초기에 아픈 사람들이 몰려왔다. 개척 멤버 중 성한 사람은 하나도 없었다. 왜 이런 아픈 사람들만 보내 주시냐고 하나님께 불평과 원망을 늘어놓을 때도 있었다. 매주 그만두고 싶다고 항변하기도 했다. 그렇게 눈물과 한숨으로 3년이라는 시간이 지나고 난 후에야 어느새 교회 가족들과 함께 이런 아름다운 고백을 드릴 수 있게 되었다.

우리는 하나님의 작품입니다. 선한 일을 하게 하시려고, 하나님께서 그리스도 예수 안에서 우리를 만드셨습니다 _엡 2:10, 새번역

실패한 자들을 위한 교회가 아닌, 실패한 자들이 와도 아무렇지 않은 교회. 그런 깨어지고 망가진 사람들이 와서 세상이 낼 수 없는 가장 아름다운 이야기와 노래를 만들어 가는 작품으로 하나님께서 은혜의동산교회를 빚어 가고 계신다.

시편 150편에는 이스라엘 백성들의 악기 이름들이 나온다. 그 악기들은 일상에서도 흔히 볼 수 있는 평범한 것들이었다. 하지만 그 악기들이 하나님을 찬양하기 위해 동원되자 하나님의 영광을 노래

하는 아름다운 도구가 되었다. 우리 은혜의동산교회 가족들이 그러하다. 세상에서는 깨어지고 망가져서 소음을 내는 존재였을지 모르지만, 그런 깨어지고 실패한 인생들에게 하나님의 은혜가 임하자 여호와의 아름다우심을 노래하고 자랑하는 나팔과 큰 소리 나는 제금이 되었다. 바로 가장 완전한 지휘자이신 하나님 덕분이다. 그분은 20세기 최고 지휘자로 불리는 카라얀과도 비교할 수 없는 최고의 마에스트로이시다. 하나님의 손에 들린 지휘봉을 보며 그분의 힘찬 지휘를 따라 연주되는 아름다운 오케스트라. 그것이 바로 하늘을 보여 주는 이 땅의 교회이며, 은혜의동산교회가 존재하는 이유다.

# Story 10.

# 킴스 콘

공황 발작은 나에게 사람을 깊이 헤아리게 만든 선물임과 동시에 내 인생의 방향을 오리무중으로 만든 계기이기도 했다. 2019년 12월 1일, 설교 도중 첫 번째 공황 발작으로 쓰러진 이후, 2020년 5월 31일에 설교 도중 두 번째 공황 발작으로 쓰러졌다. 운전하다가 공황 발작이 온 것까지 포함하면, 6개월 안에 공황 발작이 3번이나 온 것이다. 성도들에게 더는 면목이 없었다. 아프더라도 나를 받아 달라고 무작정 그 자리에서 뭉개고 앉아 있을 수가 없었다. 목회자 한 사람의 사례비도 문제이긴 했지만, 무엇보다 앞으로 내가 설교할 때마다 성도들이 나를 염려하고 불안해하지 않겠는가!

결국 교회는 나의 사임 의사를 받아 주었고, 나는 처음 공황 발작으로 쓰러졌을 때와 같이 6월 한 달간 주중에는 쉬고 주일 예배만 참석했고, 6월 넷째 주 설교를 끝으로 섬기던 교회를 사임했다. 스물일곱 살에 직장 생활을 시작한 이래로 처음 갖는 휴식이었다. 나의 사임 소식을 듣고 정말 많은 사람이 기도해 주고 함께 아파해 주었다. 이를 통해 육체적인 쉼뿐 아니라 정서적으로도 얼마나 많은 사랑을 받았는지 모른다.

바로 그때, 옥천에서 목회하고 있는 사랑하는 동생 목사에게 연락이 왔다.

> "형님, 혹시 건강이 괜찮으시면, 7월 한 달간만 저랑 옥수수 판매하
> 실래요?"

2주 정도 쉬어 보니까, 한 일주일 정도는 좋았지만, 겉으로 보기에 멀쩡한 성인 남성이 집에만 있는 것이 그리 유쾌한 일만은 아니었다. 아이들을 유치원과 학교에 데려다줄 때면, 괜히 큰 목소리로 "아빠 오늘 쉬는 날이니까 마치면 걱정하지 말고 집으로 와!"라고 인사를 하고 집에 돌아오기도 했다. 아무도 나를 이상하게 생각하지 않았지만, 나 스스로 괜히 사람들의 시선을 의식하며 나 자신을 이상하게 생각했다.

그러던 찰나에 온 동생의 옥수수 판매 제안이라니! 그것도 나와 우리 가족들이 정말 좋아하는 옥천 황백 초당 옥수수 판매였다. 황백 초당 옥수수는 찰옥수수와 초당 옥수수를 교배해서 만들었기에 수박보다 당도가 높아 정말 인기 있는 상품이었다. 게다가 집에서 옥천까지 거리가 좀 있기는 했지만 꾸준히 출퇴근할 곳이 있다는

생각에 당장에 하겠다고 대답하고 옥수수 판매 일을 시작했다.

　나는 그때, 장사에도 꽤 소질 있다는 것을 처음 알게 되었다. 우리는 SNS, 지인 단톡방, 또는 밴드에 제품을 홍보했고, 홍보 글을 올리자마자 하루 만에 완판하는 쾌감을 맛보았다. 목회 외에 또 다른 가능성을 경험한 짜릿한 순간이었다. 그리고 목회하면서 설교로만 외쳤던 일상의 거룩성, 거룩의 일상성을 온몸으로 경험하는 정말 행복한 시간이었다. '교회 밖에서 교회로 살아가는 삶이란 이런 것이구나!'를 느끼는 등 하루하루가 행복의 연속이었다. 내친김에 우리는 우리 둘의 얼굴을 담은 명함도 만들었다. 이름하여 '킴스 콘 (Kim's corn)'. 김종원과 김준영, 우리 둘 다 성이 김 씨였기에 '두 김 씨 목사의 옥수수'라는 의미를 담았다. 우리는 명함을 만들 때만 해도 옥수수 계의 일론 머스크를 꿈꾸며 행복에 젖어 있었다.

　한편 목회를 그만두고 나니 토요일에 가족들과 여가도 누릴 수 있어서 얼마나 좋았는지 모른다. 목회자로 살아갈 때는 주말마다 분주하고 예민해져서 아이들이 내 곁에 오는 것을 싫어했다. 그랬던 내가 금요일이 되면 아이들과 "우리 토요일에 뭐 하고 놀지?"를 함께 이야기했다. 그리고 토요일마다 산으로, 계곡으로 나갔다. 얼마나 오랜만에 맛보게 된 기쁨인지 모른다. 그렇게 목회할 때에 누리지 못했던 아름다운 주말을 누리며 행복하고 감사하게 한 달을 보냈다.

# Story 11.
## 꽈배 킴

황백 초당 옥수수 재배 시기상, 일조량이 풍부한 7월이 지나고 장마가 오면 할 일이 사라진다. 그러자 또다시 고민이 시작됐다.

'이제 나는 뭘 하지?'

그때 옥천 동생 목사가 나에게 또다시 제안을 했다.

"형님, 제가 어머니, 누나와 함께 제빵 학원에 신청해 놨는데, 제가 몸이 너무 안 좋아서 교육을 못 받을 거 같아요. 혹시 형님이 괜찮으시면 저 대신 제빵 학원에 다녀 보시는 건 어때요?"

내가 제빵이라니! 소싯적 미술을 '양' 이상 받아 본 적 없는 내가 제빵이라니! 집에서 '짜파게티와 계란말이' 외에는 요리해 본 적 없는 요리 꽝인 내가 제빵이라니! 뭔가 새로운 할 일이 있다는 사실에 기분은 좋았지만, '잘할 수 있을까?'라는 생각에 약간은 염려도 됐다. 그래도 이전처럼 집에만 뒹굴뒹굴 누워 있으니 차라리 뭐라도 하자는 생각에 동생의 제안을 수락하고 제빵 학원에 다니기 시작했다.

그런데 생각 이상의 수확을 얻었다. 그날 만든 빵은 내가 집으로 다 가져와야 하는 것이 아닌가! 모양이 어떻든 내가 직접 만든 빵을 우리 가족에게 주는 그 기쁨과 감격은 이루 말로 형용할 수가 없었다. 아이들은 매번 아빠가 만들어 온 빵에 감탄의 리액션을 보냈고, 나는 매번 자존감이 올라갔다. 맛없는 빵은 잼을 발라 먹으면 다 맛있어졌다. 잼이라는 마법 소스 덕에 요리 꽝인 나 자신에게 좌절할 새가 없었다. 이 얼마나 행복한 시간인가!

그러던 어느 날, 내 인생에 '심쿵!' 하고 고민의 순간이 찾아왔다. 고민이라고 하지만, 참으로 행복하고 복된 고민이었다. 바로 '꽈배기' 때문이다. 옛말에 튀기면 책상도, 신발도 다 맛있다고 하지 않았던가! 꽈배기를 만든 날, 아내와 아이들에게 갖다 주었고, 그 매력적인 맛을 우리 가족만 맛보게 할 수 없어서 주변 이웃들에게 다 나눠 줘 버렸다. 내가 만들어 온 꽈배기로 모두가 행복해하며 먹던 그날, 나는 마치 그것이 하나님의 부르심일 수도 있겠다는 생각이 들 만큼 가슴이 뛰었다.

'그래, 푸드 트럭을 사서 대학교 앞에서 꽈배기를 팔아 보자!'

그리고 '킴스 콘'이라는 상호가 떠올랐듯, 이번엔 '꽈배 킴'이라는 상호가 뇌리에 번뜩이며 스쳐 지나갔다. 말씀까지 생각나면서 말이다. '수고하고 무거운 짐 진 자들아, 다 내게로 오라. 내가 너희를 쉬게 하리라'가 아니라 '꼬이고 꼬이고 또 꼬인 인생들아, 다 내게로 오라. 내가 꼬인 너희를 풀어 주리라.'

이것은 분명 하나님의 부르심이란 생각이 들었다. 그리고 바로 검색해서 알아봤다. 그 당시 코로나가 한창이어서 그런지 장사하다가 망해서 내놓은 푸드 트럭이 꽤 있었다. 하지만 생각지 못한 문제가 있었다. 대학가 앞에서 푸드 트럭으로 장사하는 일은 복잡한 행정 절차가 필요했을뿐더러 내가 생각하는 것만큼 쉬운 일이 아님을 알게 되었다. 차라리 가게를 열어서 꽈배기 장사를 하는 것이 훨씬 더 낫다는 현실적 조언을 들으며 가슴 한쪽에 꿈을 고이 접어놓아야만 했다.

# Story 12.
# 내가 있어야 할 곳은 바로 여기구나

너무 아쉬웠다. 내가 만들어 준 꽈배기로 사람들이 행복해하는 모습, 꽈배기를 통해 사람들을 만나고 교제하게 될 소확행(소소하지만 확실한 행복)이 날아가는 듯해서 너무 안타까웠고 슬펐다. 그 즈음 제빵 학원 교육 일정도 다 끝나 갔다. 또다시 질문이 생겼다.

'제빵 학원을 마치고 나면, 나는 이제 뭘 하지?'

바로 그때, 하나님이 내 마음의 소리까지 들으셨는지, 한 교회의 청년부 여름 수련회에 강사로 초대를 받았다. 너무 오래간만에 설교하게 돼서 그런지 너무 설레고 긴장되었다. 긴장을 풀기 위해 수련회에 참석하는 인원수만큼 옥수수를 쪄 가기로 했다. 일단 뭐라도 먹여 놓으면 설교에 은혜 받지 못해도 조금은 덜 미안할 거라는 생각이 들어서였다. 이런 데에는 왜 이렇게 잔머리가 잘 돌아가는지 모르겠다.

수련회 당일, 아침부터 분주하게 몇 시간 동안 걸려 찐 40여 개의 옥수수를 가지고 집회 장소로 갔다. 청년들이 찬양하는 동안 숨 쉬기가 어려워 잠시 밖에 나가 있었다.

'이건 또 뭐지? 오늘도 설교하다가 공황 오는 거 아냐?'

두려움이 잠시 엄습해 왔다. '적어도 이 교회에 폐는 끼치지 말아야 할 텐데'라는 불안과 두려움을 가슴에 안은 채, 소개를 받고 강단에 섰다.

계획대로 옥수수부터 먹였다. 반응은 대박이었다. 역시나 입이 열려야 마음이 열리는 법. 옥수수를 먹으며 행복해하는 청년들을 향해 준비한 말씀을 최선을 다해 전했다. 설교하고 함께 말씀에 반응하자며 내가 혼자 기타를 치면서 조용히 기도를 인도해 갔다. 그런데 이게 웬일인가! 내 가슴 속에 옥수수 팔며 즐거워할 때와 꽈배기를 먹으며 우리 가족과 이웃들이 즐거워할 때와는 비교도 안 될 가슴 벅찬 감격이 저 깊은 곳에서부터 솟아오르는 것이 아닌가! 찬양하다가 울고, 기도하다가 울고, 나도 울고, 참석한 모든 청년이 울며 하나님 앞에 기도로 반응했다. 기타 하나가 전부였는데도 말이다.

설교를 마치고 집으로 오는 길에 말할 수 없는 감격이 올라왔다. 그리고 다시금 마음을 다잡았다.

'내가 있어야 할 곳은 바로 여기구나!'

그 집회 이후로 이상하리만치 계속해서 수련회 설교 요청이 왔고, 가는 곳마다 하나님은 같은 방식으로 일하셨다. 그리고 공황 장애로 사임한 이후 모처럼 만에 인도했던 그 집회에서 들었던 생각과 마음이 나 자신만의 일시적인 흥분과 감정이 아니었음을 확인하게 되었다. 나 자신을 돌아보았다.

'이 건강으로 내가 다시 기존 교회에서 목회할 수 있을까? 어떤 교회가 내 건강과 사정을 다 이해하고 헤아려 주면서 사역하도록 허용해 줄까?'

그러고 보니 답은 하나밖에 없었다.

'개척!'

대단하고 비장한 각오로 해도 모자랄 '교회 개척'을 이 부실한 몸뚱어리로, 더구나 도와줄 교회도 동역자도 없이 시작해야 한다는 현실이 너무 초라하고 속상했다. 하지만 바로 이때야말로 80세에 부름을 받아 할 수 있는 것이 아무것도 없다고 고백한 모세와 같이 하나님만 신뢰하며 하나님의 크심과 영광을 드러내기에는 가장 적절한 때라는 생각이 들었다. 그리고 2020년 9월, 마침내 은혜의동산교회 개척은 시작되었다.

# Story 13.
## 이중직을 하기로 결정하다

한때 SNS상에서 자립 교회와 미자립 교회에 관한 토론이 벌어졌었다. 요지는 자립과 미자립의 기준이 정확히 무엇이냐에 관한 것이었다. '목회자의 생활비가 보장되면 자립일까?', '목회자의 생활비가 보장되더라도 교회 유지를 위한 외부의 도움이 있다면 여전히 미자립인가?' 등 다양한 의견들이 설왕설래했다.

교회를 개척하는 목사라면 누구나 거쳐야 할 질문이고 고민이다.

'우리 가족은 개척 후 어떻게 먹고 살지?'

대형 교회로부터 분립 개척해서 또는 후원 교회가 있어서 일정 기간 생계를 위한 지원을 약속 받은 목회자, 또는 사모님이 안정적인 직장에서 일하는 목회자의 경우에는 이런 고민에서 자유로울 수 있겠지만, 나 같은 MH(맨땅에 헤딩) 개척 목사의 경우에는 목회의 지속 여부를 위해 묻지 않을 수 없는 가장 중요한 이슈 중 하나이다. 목사라고 이슬만 먹고 살 수 없지 않나. 주님은 먼저 그의 나라와 그의 의를 구하면 이 모든 것을 더해 주시겠다고 말씀하셨지만, 이러한 약속은 왜 자꾸 나만 피해 가는 것 같은지, 목사이지만 흔들리고 불안한 건 어쩔 수 없는 현실이다.

많은 개척 교회 목사님을 만나서 이 부분에 대해 의견을 묻고 조언을 구했다. 어떤 분은 개척하기 전에 개척 멤버들과 목회자 사례비에 관한 부분을 미리 논의하고 결정하는 것이 좋다고 조언해 주셨다. 또 어떤 분은 주중에 직장 생활을 하며 목회를 병행하는 이중직 모델을 제안해 주기도 하셨다. 물론 하나님을 믿고 신뢰하면 하나님이 이 모든 것을 채워 주시니 두려워 말고 목회에만 승부를 걸라는 귀한 조언도 빠지지 않았다. 어느 것 하나 틀린 말은 없었다. 다만 서로가 서 있는 자리가 달랐을 뿐이다. 나는 그때 목회자 자신이 어떤 상황에 서 있느냐에 따라 자립을 위한 선택의 길도 달라질 수 있음을 발견했다.

문제는 내가 개척하고 경험한 우리 교회의 환경은 그들의 조언과 달랐다는 점이다. 나의 경우에는 개척할 당시 후원 교회나 후원자가 전무했다. 게다가 개척 멤버들의 가정 경제가 그리 안정적이지 못해서 한 목사님이 조언해 준 것과 같이 개척 전에 목회자의 생계에 관해 성도들과 의논할 상황조차 되지 못했다. 따라서 나는 성도들이 목회자의 사례비에 관해 먼저 말을 꺼내기 전에는 내가 먼저 말하지 말아야겠다고 결심했다.

이렇게 두 달 정도의 시간이 흘렀다. 시간이 흐를수록 목사이기 이전에 한 가정의 가장으로서 가족 생계를 위해 대안을 모색해야 했다. 그래서 이중직을 하기로 했다. 처음 소개받은 일터는 충남 금산의 하수도 공사 회사였다. 연락을 받고 면접을 보러 금산에 간 날, 때마침 회사 회식이 있었다. 40대 초반의 막내가 왔다고 직원들이 얼마나 기뻐하던지 막걸리 잔을 채우라고 여기저기서 내 이름을 불러 댔다. '목사님'이 아닌 '내 이름'이 불리는 자리에 있는 것도 정말 오랜만이었다. 나의 싹싹함과 빠릿빠릿함에 직원들 모두 200% 만족을 했고, 나는 그날부터 그 회사의 직원이 되었다.

이제 모든 준비가 끝났다. 조금 피곤한 육체노동이긴 했지만, 주중에 일할 곳을 찾았다는 사실만으로도 가장으로서의 뿌듯함이 밀려 왔다. 기분 좋은 마음으로 금산에서 면접과 회식을 마치고 돌아오는 길에 한 성도의 연락을 받았다. 한번 말이 시작되면 끊을 수 없는 성도의 구구절절한 사연을 듣고 있자니 가슴이 미어졌다. 집 주차장에 도착했지만, 끊이지 않는 전화 심방에 2시간 동안 차에서 내릴 수 없었다. 2시간 만에 전화 심방이 끝나고, 집으로 들어가자마자 너무 피곤한 나머지 내 방에 쓰러져 드러누워 버렸다. 육체노동도 고되고 힘들지만, 누군가의 절망적인 이야기를 듣고 함께 공감

하고 아파하는 정신노동 또한 육체노동 못지않게 고되고 힘들었다. '과연 이 두 가지를 병행할 수 있을까?'라는 스산한 생각에 몸도 마음도 휘청거렸다.

# Story 14.

# 자립 목회가 아닌 자족 목회

나에게는 한 가지 더 해결해야 할 문제가 있었다. 바로 성도들의 양육 일정을 조정하는 일이었다. 교회를 개척하면서 주일에 드리는 회중 예배는 기본이고, 주중의 양육을 통해 일상의 거룩성을 살아 내는 것을 교회의 핵심 가치로 삼았다. 그러니 성도는 몇 명 없었지만, 단 하루도 일대일 양육이 없는 날이 없었다. 나는 우리 가정의 생계를 위해서는 주중에 일해야만 했고, 목회를 위해서는 매일 양육을 해야만 하는 이 두 가지 현실에 끼어 있었다. 그래서 고민이 더욱 깊어졌다.

그래도 당장 다음 날부터 일을 시작해야 했기에 바장이던 마음을 부여잡고 성도들 한 명 한 명에게 전화했다. 양육 시간을 옮길 수 있겠냐고. 그런데 마치 나 없는 자리에서 다 같이 회의를 해서 입을 맞추기라도 한 듯, 단 한 사람도 시간 조정을 할 수 없다고 했다. 전화를 끊으며 이런 생각이 떠올랐다. 마치 집에 있는 아이들이 아빠에게 어디 가지 말라며 바짓가랑이를 붙잡고 늘어지는 느낌이랄까. 성도들 상황이 있는 것도 알겠는데, 나도 내 상황이 있었다. 자기들 먹고살기 힘든 것도 알겠는데, 나도 먹고사는 일이 만만치 않았다. 그 둘 사이에 끼여 이러지도 저러지도 못하는 내 상황이 너무 답답하고 화가 나서 하나님을 향해 마구 소리를 질러 댔다.

> '하나님, 분명 개척 교회 선배 목사님들이 교회를 개척하면 시간상으로 여유가 많다고 말하지 않았습니까? 그래서 주중에는 내 시간을 자유롭게 사용할 수 있다고 하지 않았습니까? 그런데 나는 왜 내 시간도 내 마음대로 사용하지 못하는 겁니까? 그리고 성도들 경제 상황도 힘들지만, 정작 목사인 우리 가정 경제 상황도 어려운 거 모르십니까? 하나님, 왜 내 인생은 내 마음대로 안 되는 겁니까?'

하나님께 내 마음을 한참 쏟아 놓고 나니 하염없이 눈물이 쏟아져 내렸다. 개척하겠다고 나선 내 마음이 이것밖에 안 된다는 사실이 너무 초라하게 느껴지기도 했고, 결국 이중직을 포기하고 목회에만 전념할 수밖에 없는 내 현실이 너무 비참하게 느껴지기도 해서 흘린 눈물이었다. 결국 방금 면접 보고 온 사장님께 전화를 걸었다. 일을 할 수 없게 되었다고. 정말 죄송하다고. 그러자 사장님의 반응은 생각보다 쿨했다. 그렇게 하라고. '나 말고도 얼마나 많은 사람이 돈이 필요해서 왔다가 일이 힘들어서 짧게 일하고 그만두기를 반복했을까. 그러니 사장님 또한 나같이 면접만 보고 돌아간 이를 한두 번 접한 것이 아니었으리라'라고 생각하니, 그도 나도 정말 불쌍한 사람이라는 생각에 이르렀다.

이제 나에게 남은 마지막 한 가지 길은 후원 요청이었다. 사실 이 것만큼은 죽어도 하고 싶지 않았었기에 이중직을 하러 자청해서 나간 것이었다. '일할 수 있는 몸과 건강이 있으면 내가 나가서 벌어먹어야지, 어떻게 다른 사람에게 도움을 요청할 수 있나'라는 생각 때문이었다. 물론 20대를 선교 단체에서 보낸 내가 사람을 통해 채우시고 먹이시는 하나님의 공급하심을 왜 모르겠는가? 실제로도 무수한 하나님의 돌보심을 다양한 방식으로 경험해 왔고, 주변에도 그런 귀한 분들을 많이 알고 있다. 하지만 단지 나는 그러고 싶지 않았다. 주변에 자비량으로 목회하거나 선교하는 분들에게 미안할 것 같았다. 오히려 그분들에게 서로 각자의 자리에서 지치지 말고 잘 버티자고 삶으로 말하고 싶었다. 하지만 하나님은 나에게 다른 길을 가르쳐 주고 싶으셨던 것 같다.

그날 이후, 나는 일주일 정도 머리를 싸매고 어떻게, 그리고 누구에게 후원 편지를 보낼지 고민했다. 방법을 몰라서 고민했던 것은 아니다. 다만 교회를 개척하면서 왜 후원을 요청하는지, 이것을 통해서 내가 추구하는 삶이 무엇인지, 그리고 교회 개척을 통해 어떤 공동체를 세우고 싶은지가 기도문에 담겨야 한다고 생각했기 때문이다. 그 일주일이 나에게는 한 달보다 길게 느껴졌다. 실제로도 두통약을 수시로 먹을 만큼 힘든 시간을 보냈다. 그리고 마침내 교회 개척을 위한 후원 요청 편지를 완성했다.

이제 이 후원 편지를 지인에게 보내기만 하면 됐다. 하지만 마지막으로 숨을 고른 후 천천히 한 문장씩 읽어 내려갔다. 내가 쓴 글이 어떤지 아내에게도 보여 주며 피드백을 요청했다. 아내는 이 정도면 괜찮은 것 같다고 평을 해 줬다. 그런데 한 문장에 계속 신경이 쓰였다.

> 은혜의동산교회가 자립할 때까지 버팀목이 되어 주십시오. 은혜의동산교회도 자립하면, 우리 또한 누군가의 버팀목이 되겠습니다.

특별히 문제가 있는 문장은 아니었지만, 뭔가 모르게 불편했고 계속 신경이 쓰였다. 바로 '자립하면'이라는 단어 때문이었다. 마치 저 문장이 나에게 이런 의미로 다가왔다.

> '그러면 자립하기 전까지는 연약한 이웃과 교회의 버팀목 역할을 하지 않을 건가?'

분명 나는 그런 의미로 쓰지 않았다. 하지만 그날 나에게는 그런 의미로 다가왔다. 내가 쓴 문장은 계속 나를 불편하게 했다. 내가 쓴 글은 계속 내 신경을 건드렸다. 그리고 곧이어 그 불편한 마음이 시키는 대로 문장을 수정해 나갔다.

> 은혜의동산교회가 자립할 때까지 버팀목이 되어 주십시오. 저는 자립 여부와 상관없이 자족하며 목회해 나가겠습니다. 또한 은혜의동산교회도 자립 여부와 상관없이 교회로 살아가겠습니다.

돌이켜 보면 하나님은 이 후원 요청 편지를 쓰면서 내가 변화되길 원하셨던 것 같다. '자립'에만 눈이 멀어 일희일비했던 내 마음에 '자족'이라는 큰 기둥 하나를 세워 주셨다. 자족이라는 기둥이 세워진 후 많으면 많은 대로, 적으면 적은 대로 이웃과 더불어 살아갈 힘이 생겼다.

감사하게도 그러한 힘은 개척 1년 차부터 이웃의 아픔을 외면하지 않는 삶으로 열매 맺었다. 있어야만 나누는 삶에서 없는 중에도 나눌 수 있는 삶을 배웠다. 내 형편이 좋아져서 여유가 생겨야만 나눌 수 있는 것이 아니었다. 일용할 양식만으로도 나눌 수 있는 자족의 삶이 성경 속 바울만 가능한 것이 아니라 지금 여기에서도 가능함을 배웠다. 그래서 은혜의동산교회는 지금도 '자립 교회'가 아닌 '자족 교회'로 서 있다. 이것이 교회를 개척하며 가르쳐 주신 하나님의 선물이었다.

개 척 멤 버

# 구부러진 길,
# 민들레는 민들레

# Story 1.
# 구부러진 길

사도행전 강해 설교를 할 때였다. 사도행전 16장에는 성령께서 아시아로 복음을 전하려던 바울 선교 팀을 막으시고 유럽으로 선교의 방향을 전환하시는 하나님의 섭리가 소개된다. 선교 팀이 성령의 이끄심을 따라 처음 도착한 곳은 마케도니아의 첫 성 빌립보였다. 빌립보에서는 세 가지 사건이 일어난다. 자주 옷감 장사 루디아가 회심하고, 점치는 귀신 들린 여종이 회복되었으며, 그 일로 말미암아 감옥에 갇힌 바울과 실라가 감옥을 지키던 간수와 그 가족에게 세례를 주었다. 그 일을 통해 이들이 빌립보교회의 개척 멤버가 되었음을 우리는 예상할 수 있다.

이 본문을 설교하던 날, 성도들에게 장난스레 물었다.

"우리 교회 개척 멤버는 개척 후 언제까지 모인 사람으로 정할까요?
첫 번째, 2020년 10월 첫째 주, 첫 모임에 온 사람. 두 번째, 2020년 12

월까지 온 사람. 세 번째, 개척하고 1년 동안 예배당 없이 우리 집에서 모였을 때 같이 있었던 사람?'

성도님들은 만장일치로 세 번째를 선택했다. 개척 멤버치고는 꽤 후한 기간이라는 생각이 들긴 했지만, '집에서 모인 1년간 그 자리를 지켜 줬던 성도들이 아니었더라면 과연 지금의 공동체로 존재할 수 있었을까?'라는 고마운 마음에 그렇게 하겠다고 했다.

은혜의동산교회 개척 멤버를 생각하면 가장 먼저 떠오르는 시가 있다. 이준관 작가의 「구부러진 길」[2]이다. 2016년 광화문 교보문고에서는 이준관 시인의 「구부러진 길」 한 부분을 발췌해 빌딩 간판에 새겼다. 그 후로 이 시는 그림책으로 재탄생하면서 독자들에게 대중적으로 알려지게 되었다.

시인이 구부러진 길을 관찰하다가 발견한 통찰은 '품는 마음'이다. 구부러진 길은 산도, 마을도 품고 있기 때문이다. 또 시인은 직선으로 난 곧은 길이 아니라, 구부러진 길에서만 생길 수 있는 새로운 생태계가 있다고 노래한다.

내가 이 책을 알게 된 것은 그림책 모임에서였다. 그 모임의 중심 멤버는 5-60대였는데, 인생의 연륜 때문인지 그분들의 나눔을 통해 시인의 묘사가 참임을 알게 되었다. '직선으로 흐르는 하천에서

---

2  이준관 글, 장은용 그림, 『구부러진 길』 (고양: 온서재, 2021).

는 빠른 물살에 물고기가 휩쓸리기 때문에 모여 살 수 없다'는 것이다. 그러나 구부러진 하천에서는 유속이 느려지면서 물고기가 머무를 수 있게 되고, 물고기가 먹을 수 있는 플랑크톤과 새로운 식물들이 자라면서 그곳에 새로운 생태계가 형성된다고 했다. 시인의 눈은 예리하고 정확했다.

시인은 한 발짝 더 나아가 구불구불한 길을 관찰하는 중에, 구불구불 살아온 사람들의 인생을 떠올려 낸다. 흙투성이 감자같이 울퉁불퉁 살아온 사람, 가족과 이웃을 품으며 구부러진 주름살이 깊이 패이도록 구불구불 살아온 사람.

은혜의동부산교회를 개척하기까지, 내 인생도 시인의 노래처럼 구불구불한 길을 걸어왔다. 그렇다고 내 삶이 비참하다고 생각지 않았고, 생을 비관하지도 않았다. 왜냐하면 구불구불한 길에서만 만날 수 있는 참 소중한 사람들을 많이 만났기 때문이다. 그중에 가장 큰 선물이 바로 은혜의동산교회에서 만난 성도들이다. 이들은 하나같이 구불구불 구부러진 길을 걷던 사람들이었다. 내 삶이 구불거려서 그런지 나 또한 시인과 같이 반듯하고 쉽게 살아온 사람보다 구불구불, 울퉁불퉁 살아온 사람이 좋다.

# Story 2.
## 쓸모 있음? 쓸모없음?


2020년 6월 28일 주일, 개척하기 전 섬기던 교회를 사임하는 날이었다. 성도들에게 마지막 고별 설교를 하고 집으로 돌아와 나의 스산한 마음을 페이스북에 남겼다. 그 글을 보고 다음 날 아침, 한 분이 페이스북으로 메시지를 보내셨다.

안녕하세요, 목사님. 이렇게 불쑥 연락드려서 죄송합니다. 저는 ㅇㅇㅇ 교회 중고등부 교사입니다. 목사님께서 작년 저희 수련회에서 주신 말씀에 큰 은혜를 받았습니다. 그 후에 한번 뵙고 싶었는데, 페이스북에서 마음으로만 응원하고 있었습니다. 건강이 좋지 않으셔서 정말 안타깝습니다. 하나님께서 선한 길로 인도하시리라 기대합니다. 푹 쉬셔야 할 텐데, 혹시 시간 되실 때 한번 뵐 수 있을지 조심스레 여쭙니다. 몸도 마음도 편하실 때 연락해 주시면 감사하겠습니다. 평안한 하루 보내시길 바라겠습니다.

연락 주신 분의 얼굴이 기억나지는 않았다. 그런데 그분은 우리 집에서 아주 가까운 곳에 살고 계셨다. 메신저로 서로의 연락처를 주고받은 뒤, 집 근처 식당에서 만났다. 아니나 다를까, 만남의 요지는 혹시 교회를 개척할 의향이 없냐는 것이었다. 만약 교회를 개척하면 함께하고 싶다고. 이분들은 카이스트 교수 부부셨고, 이분들과 함께라면 교회 개척에 큰 힘을 얻을 것 같았다. 하지만 하나님은 절대 나를 평탄한 길로 인도하지 않으셨다. 하나님은 정말, 우리 스타일 아니시다!

　코로나는 나아질 기미가 보이지 않았고, 설상가상으로 학교 측에서는 이분들을 교내 방역 담당자로 세우셨다. 코로나에 걸리면 코로나에 걸린 사람의 명단과 동선까지 파악해서 강제 휴업을 해야 했던 때라 그분들도 자유롭게 이동하시지 못했다. 게다가 교내 방역 담당자인 분들이 학교 외부, 특히나 교회에 갔다가 코로나에 걸려 왔다는 소문이 돌게 되면, 학교 전체에서 기독교가 손가락질당할 것은 불 보듯 뻔했다.

　나는 어쩔 수 없이 이 부부를 양육하기 위해 매주 평일에 그들의 연구실로 찾아갔다. 매주 연구실로 찾아가서 양육하는 것이 어려운 일은 아니었지만, 부부 중 한 사람에게 일정이 있으면 그 주에는 모임을 할 수 없었다. 그러다 보니 만나면서도 한편으로는 '우리의 모임이 지속될 수 있을까?'라는 물음표가 계속 따라왔다. 그렇게 1년 반 가까이 이어져 온 우리 모임은 서로의 사정 때문에 결국 자연스레 사라지게 되었다.

개척 초기에 가장 많이 들었던 말이 '개척 멤버는 떠난다'였다. 그러니 개척 멤버에게 너무 마음을 쏟지 말라고 했다. 떠날 때 너무 깊이 상처 받지 않기 위한 방어 기제라고나 할까. 물론 따지고 보면 틀린 말은 아니다. 하지만 깊이 생각해 보면 다 맞는 말도 아니다. 왜? 성도들이 떠나는 이유는 사람 수만큼이나 다양하다. 교회의 방향성이나 목회자에 대한 실망, 교회가 제공하는 서비스에 대한 불만족 때문에 교회를 떠나기도 하지만, 이사 또는 이직, 청년들의 경우에는 결혼이나 취업 때문에 교회를 옮기기도 한다. 이런저런 이유로 떠날 사람에게는 미리 거리 두기를 하고, 남아 있을 것 같은 사람에게만 열과 성을 쏟는다면, 교회가 '효율 바이러스'에 제대로 감염되었다고 말할 수밖에 없다.

우리 교회도 개척 멤버가 반 이상 떠났다. 우리 교회를 떠나긴 했지만, 그들이 예수님을 떠난 것은 아니다. 개척을 하고 보니 이런 일들을 종종 만난다. 뭔가 열심히는 하는데, 이것이 정작 우리 교회에 유익이 없는 것처럼 느껴지는 일들 말이다. 만약 목회자가 '효율'이라는 바이러스에 감염되면, 우리 교회에 도움이 안 되는 일이나 만남에는 소홀하게 된다. 하지만 반드시 기억해야 한다. 하나님께서 보내 주신 사람은 절대로 '쓸모 있음'과 '쓸모없음'의 기준으로 나눌 수 없다. 하나님께서 보내 주신 사람은 '모두가 자신의 역할'을 가지고 있다.

나는 이분들과 함께했던 1년 반의 주중 만남을 굉장히 소중히 여겼다. 한 번의 만남을 위해 주일 예배만큼이나 공을 들여 준비했다. 하지만 그분들은 현재 은혜의동산교회에 남아 계시지 않는다. 눈에 보이는 결과로만 따지면 '실패'였다. 하지만 '하나님의 눈'에도 이것은 실패였을까?

나는 이 부부와 1년 반 동안 모임을 가지면서 매주 감사했다. 이유는 단 한 가지였다. 이 부부는 내가 개척을 시작할 수 있게 해 준 첫 단추 같은 분들이셨다. 만약 이분들이 아니었더라면 개척할 마음은 있었음에도 시작할 용기는 얻지 못했을 것이다. 만약 사임한 바로 다음 날 아침, 이 부부에게서 메시지가 오지 않았다면, 나는 개척을 할 수 있었을까? 물론 다른 채널을 통해 하나님은 말씀하셨을 수도 있다. 하지만 적어도 나에게는 그분들의 메시지가 하나님의 부르심처럼 느껴졌다. 메시지를 받고 만난 날, 바로 개척을 시작한 것은 아니었지만, 그분들의 그 메시지 하나는 나에게 구름 조각만 한 하나님의 사인과도 같았다. 그래서 나는 교회를 사임한 직후, 크게 두려워하거나 낙심하지 않을 수 있었다. 비록 지금은 그분들이 우리 교회 성도로 남아 계시지 않지만, 그분들은 나에게 은혜의동산교회를 개척할 수 있도록 용기를 준 '개척 일등 공신'이다. 하나님 나라의 관점으로 보면, 그분들은 얼마나 감사한 존재인가!

그분들에게 한 가지 더 감사한 것이 있다. 나는 1년 반이라는 시간 동안 그 부부와 함께하며 예배당이 아닌 그들의 일터에서 매주 예배를 드리고 양육과 제자 훈련을 했다. 이 시간 동안 나는 성도들의 일터와 삶의 자리에 찾아가는 즐거움을 누렸다. 또한 예배당을 넘어 일하시는 하나님을 제대로 만끽했다. 이 경험들은 코로나가 준 최고의 선물이 아니었을까 싶다. 그래서인지 서울, 수원, 예산, 대구, 천안에 거주하는 우리 성도들의 일터로 찾아가는 것이 내게는 그리 어려운 일이 아니다. 예배당 밖에서 만나서 예배하고 교제하고 양육하는 일은 현재 내 목회 사역 중 핵심 사역이 되었다. 그 은혜와 감격은 반드시 주일 예배로 이어지고 있다. 그러니 이 귀한 사역을 어찌 멈출 수 있겠는가? 이 또한 이 부부와 함께한 1년 반의 시간이 준 선물 중 하나이다.

은혜의동산교회 개척 이야기는 '코로나 시기에도 이렇게 했더니 성공했더라'라는 성공 신화가 아니라 '코로나였기에 발견한 교회의 본질 이야기'에 가깝다. 이것을 가르쳐 준 이 부부에게 나는 마음의 빛이 있다. 하나님께서 보내 주신 사람들 중에 의미 없는 사람은 단한 사람도 없음을 다시금 깨닫고 배웠다. 그래서 하나님의 일하심에는 오직 감사만 남는다. 사람이 와도 감사지만, 사람이 가도 감사이다. 이것이 하나님의 일하심의 신비이다.

# Story 3.
## 목사가 따라 주는 술이 제일 맛있어요!

2018년 여름이었다. 은혜의동산교회가 개척되기 1년 전이다. 중학교 2학년 아들을 둔 한 어머니에게서 전화가 왔다.

"저… 실례지만, 김종원 목사님 핸드폰 맞나요?"

"네. 맞습니다. 누구시죠?"

"네, 저는… 별을 만드는 사람들(별만사) 심규보 대표님이라고 아시죠?"

"네, 잘 알죠."

"심규보 대표님께 소개받고 연락드린 춘기 엄마예요."

"아, 그러세요."

이렇게 전화로 연결되어 우리는 교회 앞 카페에서 처음 만났다. 첫인상만으로도 춘기 어머님은 오랜 시간 마음고생을 한 사람처럼 보였다. 커피 잔을 들고 있는 어머님은 손을 바들바들 떨고 있었고, 윗입술과 아랫입술을 번갈아 가며 깨물고 계실 만큼 불안해 보였다.

"무슨 일로 저를 보자고 하셨나요, 어머님?"

춘기 어머님은 깊은 한숨을 내쉬셨다. 그리고 차를 한 모금 들이 킨 뒤, 떨리는 목소리로 말씀을 시작하셨다. 결론부터 말하자면, 아들이 무섭게 변했단다. 부모가 감당할 수 없을 정도로 말이다. 불과 얼마 전까지만 해도 부모님 말씀이라면 "예"라고 대답하며 토를 달지 않던 아들이 갑자기 돌변하기 시작했다는 것이다.

아이의 상황을 구체적으로 듣다가 내 귀를 의심했다. 중2 아들이 엄마, 아빠에게 담배 심부름을 시키다니. 게다가 자신의 요청을 들어주지 않으면 흉기로 집 문과 유리창을 닥치는 대로 부수다니. 부모님을 향한 거리낌 없는 욕설과 난폭한 행동으로 집을 초토화한 뒤에 집을 나가 버리다니. 아들의 반복되는 이런 행동 탓에 4살 아래 여동생은 오빠와 단둘이 집에 있을 수도 없는 지경이 되어 버렸단다.

춘기 부모님은 학교와 아파트 내에서 친구들과 패거리 지어 일삼는 반복적이고 도를 넘는 아들의 불법 행동들 때문에 경찰서와 검찰, 법원을 오가는, 잠시의 평안이라고는 없는 하루하루를 보내고 계셨다. 죽을 것처럼 괴로운 현실만큼이나 힘든 것은, 눈앞의 괴물 같은 이 아들이 불과 얼마 전까지만 해도 엄마 품에서 유순한 양 같은 아이였다는 기억 때문이다. 영하의 강추위만큼이나 살을 에는 듯한 살벌한 가정의 분위기에 이렇게 사느니 차라리 죽는 게 낫겠다며 춘기 부모님은 수면제를 잔뜩 사서 자살 시도도 했다. 살지도 죽지도 못한 채, 살아 있으나 죽은 것 같은 삶의 나날을 보내는 중에 나와 연결된 것이다.

두 시간가량의 긴긴 상담이 끝난 뒤, 춘기 어머님은 실낱같은 희망을 보셨는지 어두운 표정에서 약간은 생기를 되찾은 모습으로 딸과 함께 귀가하셨다. 그리고 그날 저녁 다시 전화를 하셨다. 남편과 함께 방문해도 괜찮겠냐고.

그 전화를 받자마자 문득 아이디어가 번쩍 떠올라 두 분을 교회가 아닌 우리 집 근처 치킨집으로 오시게 했다. 중년 남자가 아들 탓에 겪었을 아픔과 상처가 얼마나 깊었을지 생각하니 커피 한 잔과 말 몇 마디로는 위로가 되지 않을 것 같았다. 그렇게 춘기 아버님과 충남대 앞 치킨집에서 처음 만났다. 나는 자연스레 주문했다.

"사장님, 여기 치킨 두 마리랑 맥주 3,000cc 주세요."

갑자기 춘기 아버님의 눈이 휘둥그레졌다. 아니, 자기 눈앞에 앉아 있는 사람은 다름 아닌 교회의 목사가 아닌가? 잠시 눈이 휘둥그레졌지만, 곧 그분의 얼굴은 환하게 변해 갔다. 그 후 무엇인가 자기 마음을 알아주는 사람을 만났다는 생각이 들었는지 마음을 활짝 열고 자기 속내를 털어놓기 시작했다.

> "춘기 아버님. 원래 목사가 따라 주는 술이 제일 맛있어요. 오늘 이거
> 먹고 힘내서 춘기 이놈 포기하지 말고 제대로 사람 만들어 봅시다!"

알고 보니 춘기 아버님은 술을 정말 사랑하는 알코올 러버(lover)이셨다. 그런 애주가에게 목사가 먼저 술을 따라 주니 그런 목사가 얼마나 사랑스러웠을까? 잔을 부딪칠 때마다 탄식과 함께 털어놓는 하소연을 가감 없이 들어주었는데, 자기 인생에 이런 경험은 처음이란다. 코로나 덕분에 마스크로 자기 얼굴과 표정을 가릴 수 있어서 직장에서도 겨우 버티고 버텨 왔단다. 그리고 이제껏 아내와 단둘이만 공유했던 억누르며 참아 온 속상함과 분노, 아들을 잘못 키웠다는 부끄러움을 누군가에게 처음 털어놓을 수 있어서 얼마나 위로가 되고 힘이 되는지 모르겠다며 연신 내 손을 잡고 감사의 인사를 건넸다. 우리는 그날 그 치킨집에서 하늘의 위로가 가득한 천국의 향연을 맛보았다.

# Story 4.
## 저희 부부도 교회 성도로 받아 주세요

    그날 이후, 우리는 1년간 교회 밖에서 계속 만났다. 전도의 목적이 아닌, 오직 춘기의 회복을 위해 서로의 길벗이 되었다. 참기 어려울 만큼 힘들 때면 언제든 나에게 전화를 하셨고, 나는 시간을 내 만나서 이야기를 들어주고, 또다시 부모의 자리를 지킬 수 있도록 응원하고 격려해 주었다. 그러던 중, 나에게 공황 장애가 왔고, 우리는 더 만나기 어려운 상황이 되었다. 누군가를 만나는 일에는 꽤 많은 에너지가 필요했기 때문이다. 그렇게 우리의 만남은 끝이 날 줄 알았다.

    그 후 나는 교회를 사임했고, 두 달 후 은혜의동산교회를 개척하게 되었다. 두 분은 6개월가량 나와의 연락이 끊기고 의지할 곳을 찾던 중 대전교회라는 지방 교회에 다니시는 누님의 도움을 받아서 기도 생활을 해 오고 계셨다. 하지만 여전히 해결되지 않고, 오히려 아들의 문제가 더 악화되는 듯하자 결국 개척한 지 두 달이 지난

2020년 10월 나에게 다시 연락을 하셨다. 자기 가정을 좀 도와줄 수 있겠냐고. 하지만 내 상황은 이전과 달랐다. 건강하지 않은 몸으로 성도들 양육과 심방에 모든 에너지를 다 쏟아붓고 있던 때라, 이전처럼 쉬이 대답하지 못했다. 그래서 어렵게 제안했다.

"춘기 어머님, 아시다시피 저는 몸이 이전처럼 건강하지 못한 데다가 교회를 개척한 지 겨우 두 달이 지났어요. 그러다 보니 제가 교회 외부로는 에너지를 쓰기가 어려울 것 같아요. 그런데 제가 도울 방법이 딱 한 가지 있긴 한데요. 우리 교회 성도로 오시면, 제가 이전처럼 만날 수 있을 거 같아요. 남편이랑 한번 이야기해 보시고 결정하신 후 다시 연락 주세요."

바로 그날 저녁, 춘기 어머님에게서 전화가 왔다. 자기 동네 카페에서 잠시 보자고. 가벼운 마음으로 춘기 부모님을 만나러 나갔다. 왠지 모를 평안한 눈빛으로 나를 바라보셨고, 자리에 앉아 커피를 한 모금 들이키자마자 본론부터 말씀하셨다.

"목사님, 저희 부부도 목사님 교회 성도로 받아 주세요."
"네, 정말요? 너무 잘 결정하셨어요. 이전에 만나던 것보다 더 깊이 서로 사랑하면서 교회 공동체로 함께 살아가 보죠."

그날 이후로 두 분은 은혜의동산교회 가족이 되었고, 우리 교회에서 복음을 듣고 회심한 1, 2호 성도가 되었다. 하나님은 내가 개척하기 전부터 우리 교회 성도를 준비시켜 놓고 계셨다. 전도를 목적으로 하지 않고, 오직 상대의 아픔에 동참하기 위해 보냈던 그 시간을 통해 하나님은 우리 교회가 어떤 교회가 되어야 하는지를 그때부터 가르쳐 주고 계셨다.

# Story 5.
## 누구에게 비전 캐스팅을 하지?

    개척을 결심한 대부분의 목사님들이 마찬가지겠지만, 누구와 함께 공동체를 시작할지가 가장 큰 고민이자 두려움일 것이다. 나에게도 마찬가지였다. '누구에게 함께하자고 말하지? 함께하자고 제안했을 때 거절당하면 어떡하지? 돈도 공간도 없는 나를 믿고 함께하겠다고 할 사람이 있기나 한 걸까? 그렇다고 지금 교회에 잘 다니고 있는 사람들에게 내가 개척을 하니까 우리 교회에 오라고 하는 것은 그 사람이 다니고 있는 교회와 목사님께 무례가 아닐까?' 등등 오만가지 고민들이 나를 따라다니면서 괴롭혔다.

    그렇다면 방법은 한 가지밖에 없었다. 지금 교회에 안 다니고 있는 사람을 찾는 수밖에. 그렇게 생각하고 보니 한 사람이 떠올랐다. 당시 결혼을 한 지 얼마 안 된 자매였다. 내가 지난 교회에서 청년부 사역을 할 때 청년이었던 자매였다. 내가 섬기던 당시에 이 자매의 아버님이 돌아가셨는데, 그 당시의 섬김에 대해 그 자매는 나에게 늘 고마워했다. 그래서 그 교회를 떠난 이후에도 일 년에 한두 번 정도 식사를 해 왔었다. 덕분에 조금은 편한 마음으로 만나자고 할 수 있었다. 만나서 대화를 하며 그 자매가 남편과 신앙생활을 잘하고 있다면 그냥 밥만 먹고 헤어지려고 했고, 교회를 정하지 못하고 있었다면 개척 멤버로 부르려는 마음으로 나갔다.

평상시처럼 안부를 묻고, 식사하면서 편안하게 대화를 이어 갔다. 식사를 마치고 차를 마시러 가서 좀 더 속 깊은 이야기를 나눴다. '남편과 신앙생활은 잘하고 있는지? 교회는 어디로 정착했는지? 그리고 부부 생활은 잘하고 있는지?' 등등의 일상적인 질문을 던졌다. 내 질문에 의외의 답변이 돌아왔다. 결혼 후 교회를 정하지 못하고 있다고 했다. 남편이 다니던 교회에도, 본인이 다니던 교회에도, 시어머니가 다니시던 교회에도 다 가 봤지만, 아직까지 교회를 정하지 못했다는 것이다. 그러다가 코로나가 와서 교회를 안 나간 지 이미 6개월이 다 되어 간다고 했다.

그 말을 듣고 내심 기쁘기는 했으나, 그래도 조심스레, 아주 조심스레 이야기를 꺼냈다. 사실은 내가 교회를 개척하려고 하는데, 혹시 함께해 볼 생각이 없냐고 말이다. 그리고 내가 어떤 교회를 개척하려고 하는지, 교회의 핵심 가치와 방향성에 대해 잠시 나누었다. 나는 어렵게 이야기를 꺼냈는데, 예상보다 쿨하게 답변이 돌아왔다. 알겠다고. '정말일까? 그럼 이렇게 이 가족은 우리 교회 성도가 된 것일까?' 처음 하는 개척이라 모든 상황이 낯설었다.

2020년 8월에 비전 캐스팅을 하고, 개척 멤버가 되기로 동의한 사람들은 공동체 모임을 하기 전 9월 한 달간 나와 일대일로 교제를 하면서 서로를 조금 더 알아가는 시간을 가졌다. 그 한 달이라는 시간 동안 교제를 통해 서로를 알아갔을 뿐 아니라, 어떤 공동체를 세워 갈지 함께 꿈꿨다.

드디어 10월 첫째 주, 개척 멤버가 되기로 동의한 사람들이 처음으로 우리 집에서 모였다. 첫 번째 공동체 모임에서는 예배가 아닌 교제를 했다. 왜냐하면 나는 그들을 전부 알았지만, 그들끼리는 서로 전혀 몰랐기 때문이다. 그래서 시간도 보통 교회처럼 11시가 아닌, 점심 시간인 12시로 정했다. 모이자마자 함께 고기를 구워 먹으며 식사 교제부터 시작하기 위함이었다.

그날 나는 자매의 남편을 결혼식 이후로 처음 만났다. 남편은 어리둥절한 표정으로 우리 집에 들어왔는데, 여기가 교회인지 전혀 몰랐다. 여기가 교회가 아니면 어디인지 알고 왔냐는 나의 질문에, 아내가 고기 먹으러 가자고 해서 그냥 따라왔다면서 시큰둥하게 앉아서 고기를 먹었다. 표정은 안 좋았는데, 고기는 정말 많이 먹었다. 한참 어두운 표정으로 고기를 먹는 남편을 보며 나는 생각했다.

'아, 다음 주부터 안 올 수도 있겠구나!'

고기를 먹은 후 솔라리움 카드로 근황 토크와 함께 여기에 오게 된 각자의 이유와 목적, 그리고 기대하는 바를 나누었다. 형식을 갖춘 예배가 아니다 보니 서로 자연스레 나눔을 했고, 피곤하긴 했지만 그래도 꽤 괜찮은 분위기로 헤어졌다. 이것이 우리의 공식적인 첫 모임이었다. 하지만 문제는 그다음 주부터였다.

그 형제는 여전히 어두침침한 표정으로 앉아 있었다. 두 번째 모임부터는 기존 교회의 예배 형식은 아니었지만, 나름 찬양도 한두 곡 부르고, 말씀도 같이 읽고, 읽은 말씀 안에서 서로 기대하는 교회의 모습을 나누기도 했다. 그랬더니 찬양할 때부터 형제의 표정이 일그러지기 시작했다. 우리 집 거실에서 둥그렇게 둘러앉아 기타를 치며 찬양을 인도할 때 형제는 내 바로 옆에 앉아 있었다. 형제는 사람들의 시선은 아랑곳하지 않은 채 내 옆에서 스마트폰을 꺼내 게임을 했고, 간식을 먹을 때에는 옆 사람 눈치도 보지 않고 먹고 싶은 대로 마구 먹었으며, 말씀을 나눌 때에는 할 말이 없다며 한마디도 하지 않았다.

모임을 마치고 자매에게 연락했다. 남편이 불편해하면 안 와도 괜찮으니까 절대 억지로 데리고 오지 말라고 말이다. 진심이었다. 그러나 그렇게 신신당부를 했음에도, 자매는 꼬박꼬박 형제를 데리고 왔다. 그 형제는 한 주도 빠짐없이 모임에 참석해서 우리를 불편하게 만들었다. 그렇다고 우리에게 마음을 열고 있는 것 같지도 않았다. 가뜩이나 말은 얼마나 없는지. 정말 그 형제 탓에 어떤 소설 제목처럼 우리는 매주 '불편한 교회'를 경험했다.

# Story 6.
## 아픈 양도 내 양이다

시간이 지나 그 형제와 일대일 양육을 하게 됐다. 형제는 사람들이 없는 안전한 환경 안에서 조심스레 본인의 이야기를 들려줬다. 본인은 15년 전 군대에서 조현병이 발견돼서 그 후로 지금까지 약을 먹고 있고, 얼마 전부터는 도박에 따른 빚 독촉 연락을 받으며 살고 있다고 했다. 형제는 덤덤하게 자신의 이야기를 들려주었지만, 듣는 내내 내 마음은 너무 아팠다. 우리 교회 성도가 조현병이라니. 게다가 도박 때문에 빚 독촉을 받고 있다니. 이런 환경에서 과연 두 사람의 부부 생활은 건강해질 수 있을까? 가뜩이나 그 형제의 아내는 임신한 상태였다. 저절로 기도가 나왔다.

'하나님, 어쩌자고 우리 교회에 이런 아픈 사람을 개척 멤버로 보내
  주셨습니까?'

주님은 역시나 대답하지 않으셨다. 묵묵부답이 우리 주님의 주

특기 아니신가? 그런데 불현듯 이런 생각이 들었다.

> '주님께서 이유를 말씀해 주신다고 해서 내가 이 가정을 더 사랑할
> 수 있을까? 하나님께서 이 가정을 우리 교회에 보내 주신 이유를 내
> 가 안다고 해서 이들을 더 기쁘게 섬길 수 있을까?'

하나님 앞에서 잠잠히 기도하다 보니 내 마음을 들키고 말았다. 사실은 하나님께 이들을 보내신 이유를 듣고 싶었던 것이 아니었다. 이들을 사랑하고 싶지 않았던 내 이기적이고도 좁아터진 옹졸한 마음, 게다가 이들을 사랑할 힘도, 자신도 없는 나의 무능력함과 초라함, 바로 그것을 다른 사람에게 들키고 싶지 않아 하나님을 탓하고 원망했던 것이었다.

개척하기 전까지 기고만장한 바벨탑 같았던 내 마음이 개척 이후 매주 모임을 할 때마다 산산이 부서지기 시작했다. 부목사 시절, 담임 목사라는 안전한 병풍 앞에서 개인기를 부리며 뭐라도 되는 것처럼, 뭐든지 할 수 있을 것처럼 요란법석을 떨었던 내 허세가 바람에 날리는 겨와 같이 얼마나 가벼운지를 뼈저리게 알게 되었다.

하나님은 개척 멤버들을 보내시면서 내가 그들을 목양하기 전에, 그들을 통해 나를 목양하고 계심을 깨달았다. 그렇다. 내가 교회의 목자가 아니었다. 다만 나는 참된 목자이신 주님과 함께 양을 돌보는 목양견일 뿐이었다. 목양견의 주 임무는 목자의 음성을 듣는 것

이다. 목자의 지시를 따르는 것이다. 목자가 양 무리를 이탈하려는 양을 물어 오라고 할 때 거침없이 달려가 양을 찾아오는 것. 목자가 다른 목초지로 이동하려고 할 때, 양이 무리를 이탈하지 못하도록 양의 곁을 지키는 것. 바로 이것이 목양견에게 주어진 사명이었다.

이 사실을 깨닫자 말할 수 없는 자유가 임했다. 내가 그들의 인생을 책임지지 않아도 된다는 자유. 내가 그들의 삶을 모두 변화시키지 않아도 된다는 자유. 오직 나의 주 임무는 목자의 음성을 듣고 목자의 지시를 따르며 목자 곁에서 목자의 사역에 참여하는 것뿐이었다. 그분의 최후 심판대 앞에 서게 되는 날, 주님은 나에게 몇 마리의 양을 치다가 왔냐고 묻지 않으실 것이다. 그분은 나에게 몇 마리의 양을 먹이고 왔냐고, 왜 그것밖에 못 먹이고 왔냐고 야단치지 않으실 것이다. 그분은 베드로에게 말씀하셨듯이 우리에게도 말씀하실 것이다.

"사랑하는 아들아, 네가 나를 사랑하거든 내 양을 치라. 내 양을 먹이라."

그때나 지금이나 예수님의 말씀에는 단 한 번도 '몇 마리'에 대한 내용이 들어 있지 않았다. 이것이 복음이다.

# Story 7.
## 대나무 숲이 필요했다

나는 수원에서 대학을 다녔다. 수원에 있던 교회에서 청소년부 교사로 섬겼고, 그때 학생이었던 아이들이 어느새 결혼을 하고 자녀를 키우는 부모가 되어 있었다. 나도, 그들도 같이 젊었을 때는 시간과 공간의 경계선 없이 얼마나 즐겁게 지냈는지. 같이 있고 싶으면 밤을 새워서 같이 놀다가 내 자취방에서 자기도 하고, 배고프면 아이들 집을 습격해서 냉장고를 거덜 내기도 했다. 그때 그 시절의 모든 것이 아름다운 추억이리라.

나는 결혼을 하면서 수원을 떠나 아내가 살던 대전에 둥지를 틀었다. 결혼 초기에는 한밭대에서 한국어를 가르치는 시간 강사로서 직장 생활을 했는데, 시간이 지나면서 내적, 외적 소명을 확인하며 신학교에 들어가서 목사 안수를 받았다.

내가 대전에 내려온 이후로도 수원에 있는 지체들 중 여전히 우리 가정과 교제를 이어 오던 가정이 있었는데, 그들은 만날 때마다 나에게 "목사님은 개척 안 하세요?"라고 물었다. "개척하면 같이 할래?"라는 나의 말에 농담 반, 진담 반으로 "당연하죠"라고 대답할 만큼 그들과 가깝게 지냈다. 1년에 한두 번은 꼭 만나서 부부 생활의 어려움을 상담해 주기도 했고, 돌잔치와 같은 집안의 경사에도 참여하면서 기쁨과 슬픔을 함께 나누었다. 그런데 내가 진짜로 개척을 하게 된 것이다. 개척하면 오겠다던 그들의 말이 진심이었는지, 거짓이었는지 테스트할 수 있는 절호의 기회가 온 것이다.

만약 그때가 코로나 4단계 시기가 아니었더라면 그 질문조차 하지 않았을 것이다. 자신들이 다니고 있던 교회에 잘 다니고 있었을 테니까. 하지만 그간의 지속적인 교제를 통해 이 가정에 문제가 적지 않다는 것을 어느 정도 알고 있었던 터라 주말을 이용해 수원에 있던 그들을 대전으로 불렀다. 그리고 A4 용지 15장에 써 놓은 내가 꿈꾸고 개척하려고 하는 교회의 청사진을 카톡으로 보낸 뒤, 대전에 오기 전에 꼭 읽어 보고 함께할지를 고민해 보라고 제안했다.

여느 때처럼 별생각 없이 만났을 때와는 달리, 교회 개척에 대한 동참을 확인하기 위해 만나려고 하니 조금은 떨리고 긴장도 됐다. 게다가 이 가정은 대전이 아닌 수원이 집이었기 때문에 비전을 캐스팅하기는 해도 매주 오리라고는 큰 기대를 하지 않았다. 다만 늘 개척하면 가겠다는 입버릇을 테스트하는 정도로 한번 만나 보자고 했다.

그런데 우리의 대화는 예상과 다르게 전개되어 갔다. 9월 한 달 간 줌으로 일대일 양육을 하겠냐는 나의 요청에 그들은 기꺼이 하겠다고 응답했다. 또 매주 내려와서 예배를 드릴 수 있겠냐는 질문에도 가능하면 매주 내려오겠다고 했다.

'아, 이건 뭐지? 정말 매주 내려올까? 뻥은 아니겠지?'

본인들이 하겠다고 했으니 일단 믿어나 보자 생각하고 줌으로 일대일 양육을 진행했다. 9월 한 달간 매주 나누는 교제를 통해 그들은 코로나 시기에 멀어졌던 하나님과의 관계가 회복되었다며 기뻐했고, 다시 신앙생활을 하는 것처럼 기쁘고 감사하다며 피드백을 했다.

마침내 공동체가 함께 모이는 10월 첫째 주가 되었다. 놀랍게도 그들은 수원에서 진짜 왔다. 아이들이 셋이나 되는데도 다섯 명이 다 같이 왔다. 오는 데에만 두 시간이 걸렸단다. 얼굴엔 피곤함이 역력했다. 그래도 먹고 교제하다 보니 얼굴이 밝아졌다. 여기까지 잘 오기는 했지만, 문제는 집으로 돌아가는 길이었다.

내비게이션을 켰다. 내비게이션을 확인하는 시간에 따라 도착 소요 시간이 매번 달라졌다. 예배가 끝난 오후 3, 4시 출발로 확인을 하면 도착지까지 걸리는 시간이 3-4시간은 기본이었다. 결국 차가 안 막히는 시간에 가려고 하니 저녁 늦게 가는 것 외에는 답이 없었다. 그때부터 이 가정은 주일 아침에 와서 주일 저녁까지 온종일을 함께 보내게 되었다. 당시 두 살, 네 살, 여섯 살 세 아이를 새벽부터 준비시켜 대전에 내려와서 오전 11시에 아이들 예배를 드리고, 점심을 먹은 후 오후 2시부터 어른들 예배를 드리고, 마치면 교제, 또 교제, 또 교제하다가 저녁을 먹은 후 아이들을 샤워시켜서 수원으로 돌아가는 것이 이들의 주일 일과였다. 매주 피곤함에 절어 먹구름 같은 그들의 얼굴을 볼 때마다 '그냥 다니던 교회에 다시 갈래?'라는 말이 목구멍까지 올라왔지만, 살려고 대전까지 온다는 그들의 말에 나도 더는 말을 이을 수가 없었다.

그러던 어느 날, 갑자기 질문이 생겼다. 아무리 살려고 대전까지 온다고 하지만, 그들을 살릴 수 있는 교회가 우리 교회뿐이겠는가? 원래 다니고 있던 그 교회도 상당히 건강한 교회였고, 자기네 집 근처에도 좋은 교회가 얼마든지 많이 있었을 것이다. 그런데 왜 하필이면 대전의 개척 교회인가?

조금 더 시간을 같이 보내면서 그 이유를 알게 되었다. 그 가정이 얼마나 어려운 상황 속에 있었는지를. 형제는 33세의 젊은 나이임에도 가계 부채를 대략 10억 정도 가지고 있었는데, 그로 말미암아 발생한 100개 이상 되는 대부업체의 상상을 초월한 고금리 탓에 생과 사의 경계에 늘 서 있었다. 이 엄청난 빚을 갚기 위해 양가 부모님이나 친인척들은 물론, 부부의 모든 인맥을 동원하여 친구와 지인에게까지 돈을 빌렸다. 하지만 그들에게 빌린 돈을 단기간에 갚을 수 없다 보니 인간관계는 이미 거의 다 끊어졌고, 그 가정은 점점 고립되어 갔다. 그 과정에서 이 부부는 얼마나 오랜 시간 서로를 탓하며 다투고 살아왔을까? 또 그런 부모의 다툼과 갈등을 지켜보던 세 자녀는 얼마나 오랫동안 불안과 공포 속에 살아왔을까? 마치 전쟁 속 폐허 더미에 앉은 아이들이 겪는 공포와 두려움이었으리라. 그런 현실, 해결되지 않는 지속적인 고통 탓에 얼마나 자주 극단적인 선택을 시도했을지를 생각해 보면 눈앞이 캄캄해졌다.

이 가정의 암울한 현실을 우리 교회는 수용해 줄 수 있을까? 교회가 이들의 곁과 품이 되어 안식을 선물하는 도피처가 되어 줄 수 있을까? 말 못 할 가슴앓이로 끙끙 앓고 있던 이들이 누구에게도 말하지 못한 속사정을 마음껏 토하듯 꺼내 놔도 그저 잠잠히 침묵하며 곁에서 울어만 줄 수 있을까? 혹 하나님의 뜻, 섭리라는 신앙적 단어를 운운하며 상처에 소금 뿌리듯 더 아프고 쓰리게 하지는 않을까? 수원에서 온 부부의 '자신들은 힘들어도 살기 위해 대전까지 온다'라는 그 말은 어쩌면 누구에게도 새어 나가지 않을 대나무 숲이 필요했다는 뜻이 아니었을까?

# Story 8.
## 공황이 공황을 만나다

신대원 시절 조직 신학을 가르치셨던 교수님에게서 전화가 왔다. 내 전화번호가 없었던 교수님은 페이스북 음성 통화로 전화를 하셨다.

"안녕하세요, 교수님. 무슨 일로 전화하셨어요?"

"아, 김 목사님, 제가 한 청년을 목사님 교회에 소개해 드리려고 하는데요. 혹시 이 청년 좀 만나 줄 수 있을까요?"

"그럼요, 교수님. 그런데 어떤 청년인가요?"

"이 친구는 학부에서 법대를 전공하고 신대원에 들어왔는데, 안타깝게도 중간에 공황 장애로 학교를 자퇴하게 됐어요."

"아, 정말 안타깝네요."

"그 후로 거제도에 있는 조선소에 막노동을 하러 갔어요. 거기서 번 돈으로 이민 갈 생각이었나 봐요."

"오, 그래서요? 어느 나라로 이민 가려고 했대요?"

"그런데 안타깝게도 조선소에서 일하다가 또다시 공황 발작이 오는 바람에 높은 곳에서 떨어졌다지 뭐예요."

"아이고, 이런. 많이 다쳤겠는데요. 그 형제 몸은 괜찮아요?"

"높은 곳에서 떨어지면서 허리를 다쳤고, 그 후로 3개월 정도 집 밖으로 일절 나오지도 않은 채 칩거 생활을 하고 있었대요."

"와, 정말 상심이 컸나 보네요. 그런데 그 형제가 저를 만나고 싶어 할까요?"

"그렇게 지내던 어느 날, 그 형제가 '계속 이렇게 살다가는 내 인생이 여기서 끝나겠다' 싶어서 저한테 연락을 했더라고요. 그리고 저한테 교회를 좀 소개해 달라고 하는데, 사람 만나서 교제하는 게 부담이 된다고 하면서 아무도 모르게 다닐 수 있는 2-300명 정도 되는 규모의 교회를 소개해 달라고 했어요."

"교수님, 우리 교회는 200명은커녕 20명도 안 되는 개척 교회인데, 괜찮을까요?"

"네, 일단 그 형제에게도 목사님 이야기를 해 놨어요. 공황 장애로 교회를 사임하고 개척한 목사님이 있다고요. 형제에게는 큰 교회에 가서 예배만 드리는 것보다 이 목사님을 만나서 직접 교제하는 게 훨씬 더 좋을 수 있겠다는 식으로 말했더니, 그 형제도 흔쾌히 목사님을 만나 보겠다고 하더라고요."

"아… 네…"

"그럼 그 청년에게 연락하라고 할게요. 목사님 전화번호 좀 주실래
요?"

"아… 네…"

전화를 끊고 순간적으로 하나님께 화가 났다. 지금까지 보내 주
신 성도들도 충분히 힘든 사람들인데, 우리 교회에는 왜 이렇게 힘
든 사람들만 계속 보내 주시냐고 하나님께 원망을 쏟아 냈다.

교회를 개척하기 전에는 새로운 사람이 교회에 오면 무조건 좋
을 거라고 생각했다. 교인 수가 늘어나는 것이 곧 목회의 성공이라
는 숫자 논리로부터 자유롭지 못했기 때문이다. 하지만 나는 수의
논리보다 더 큰 죄가 내 안에 똬리를 틀고 있음을 발견했다. '내가
원하는 성도, 내 목회에 도움이 되는 성도'만 함께하고 싶은 욕망이
었다.

공황 장애 형제를 소개해 준 교수님의 전화를 끊고 나도 모르게
화가 났던 이유는 그 순간 내 속에 감춰져 있던 은밀한 죄가 드러났
기 때문이다. 데이비드 폴리슨은 "인간은 자기 뜻대로 되지 않을 때
화를 낸다"[3]라고 했다. 나는 옳고 하나님이 틀렸다고 생각하는 자기
중심성 때문에 화를 낸다는 것이다.

---

3    데이비드 폴리슨, 『악한 분노, 선한 분노』, 김태형, 장혜원 역 (서울: 토기장이, 2019), 108.

나는 교회를 개척하면서 사람들에게 겉으로 드러내거나 말하지는 않았지만, 우리 교회에 도움이 되는 사람, 내 목회에 힘을 실어 줄 수 있는 성도를 원했다. 아니, 내가 그런 생각을 하고 있다는 것조차 몰랐던 것 같다. 그런데 목회가 내 뜻대로 되지 않자 자주 화가 났다. 처음에는 왜 화가 나는지 이유도 몰랐다. 하지만 매일 말씀의 빛 앞에 설 때마다 하나님은 내 목회의 겉모습보다는 내 마음의 동기가 어디에 있는지 깨닫게 하셨다. 부끄러웠다. 창피했다. 아담처럼 숨고 싶었다. 하나님 앞에서는 어느 것 하나 숨길 수 없었다. 말씀의 내시경으로 마음의 생각과 의도까지 숨김없이 밝히 드러내셨다. 아팠다. 그러나 그것이 회복의 시작이었다. 다 들켰다는 생각에 너무 부끄럽고 수치스러웠지만, 무화과나무로 수치를 가리려 안간힘을 쓰고 있는 나에게 하나님은 은혜의 가죽옷을 입혀 주셨다. 나는 성도들을 수단으로 삼으려고 했지만, 하나님은 나를 수단으로 삼지 않고 계신다는 것을 가슴 깊이 깨닫게 하셨다. 하나님께 나는 나로서 충분한 사람이었다.

중꺾마. '중요한 것은 꺾이지 않는 마음'의 줄임말이다. 목회를 하다 보면 중꺾마 정신이 꼭 필요하다. 좌절하고 포기하고 싶을 때가 너무 자주 오기 때문이다. 하지만 개척 초기에 더 중요한 진리를 배웠다. '중요한 것은 꺾이는 마음.' 중꺾마의 새로운 해석이다. 내가 틀렸을 때, 내 죄가 드러났을 때, 나의 고집을 꺾고, 내 이기심을 꺾고, 하나님의 뜻을 받들고 시중드는 삶. 이것이 예수의 길을 자기의 길로 삼는 참된 제자의 삶일 것이다.

## Story 9.
# 꼭 우리 교회에 안 와도 돼요

첫 예배당 공간을 얻은 그달, 아는 동생 목사에게 연락이 왔다.

"형님, 고등학교 때 같이 신앙생활하던 제 친구가 지금은 결혼해서 대전에 살고 있는데요. 다니던 교회에서 상처를 받고 새로운 교회를 찾고 있대요. 그래서 저한테 대전에 아는 교회가 있으면 소개해 달라고 전화가 왔길래 형님이 생각나서 연락드려 봤어요."

동생 목사를 통해 성도님의 연락처를 받고 통화를 했다. 이미 친구에게 우리 교회 소식을 들은 자매는 돌아오는 주일에 우리 교회에 한번 가 봐도 되겠냐고 물었다. 나는 교회에 오기 전에 먼저 아내와 나랑 셋이 만나서 이야기를 나눈 뒤 교회를 결정했으면 좋겠다고 했다. 한 사람이라도 급한 개척 교회 목사가 교회에 온다고 하는 사람에게도 이렇게 까다롭게 굴다니! 그럼에도 나는 만나서 그 성도님께 몇 가지 이야기를 들어 보고 싶었다. 이전 교회에서 어떤 사연이 있었길래 교회를 옮기려고 하는지, 그리고 우리 교회에 대한 어떤 이야기를 들었길래 왜 하필이면 이제 막 개척한 우리 교회에 오고 싶다고 했는지 등등.

전화로 약속 장소와 시간을 정하고 다음 날 아침 일찍 아내와 함께 자매님 집 근처 카페에서 처음 만났다. 간단한 인사로 시작된 대화는 한 시간 반 넘게 이어졌다. 이전 교회에서 받았던 이런저런 상처들, 그리고 그 상황에서 예수를 믿지 않는 남편이 교회에 대한 비판을 넘어 혐오감까지 가지게 된 과정들, 심지어 어린 자녀들까지도 모두 교회에 등을 돌리게 된 이야기. 자매님의 말을 듣는 내내 미안하고 부끄러워 죄송하다는 말 외에 어떤 말도 하지 못했다. 그런데도 나와 우리 교회가 그 자매님의 마음에 부합하는 목사와 교회가 될 거라는 확신도 들지 않았다. 그래서 자매님의 이야기를 다 듣고 나서, 노파심에 자매님께 우리 교회의 상황을 정직하게 나눴다.

> "자매님, 죄송하지만 우리 교회는 자녀들을 위한 신앙 교육 서비스를 해 줄 수 없습니다."
> "자매님, 죄송하지만 우리 교회는 예배 시간에 어린아이들이 많아서 조용하고 깔끔하고 정제된, 일반 교회에서 받는 외적 경건한 느낌은 찾아보기 어렵습니다. 아이들이 자주 울고, 중간에 왔다 갔다 하다 보니 가끔 산만하고 시끄러울 때도 있어요."

"자매님, 죄송하지만 우리 교회는 큰 교회와 같은 역동적인 예배 팀이 없습니다. 찬양 팀은커녕 저 혼자 기타를 치면서 찬양하기 때문에 예배 팀이 주는 환경적 서비스를 제공해 드릴 수 없습니다."

"자매님, 죄송하지만 우리 교회는 다른 교회에서 아무리 신앙생활을 오래 한 사람이라고 하더라도 새 가족 교육부터 다시 받아야 합니다. 우리 교회 첫 등록 교인이 되기까지 약 1년 정도 걸리는데, 그래도 함께하실래요?"

이런저런 이유에도 불구하고 자매는 대답했고, 나는 놀라지 않을 수 없었다.

"네."

이 자매가 우리 교회에 온 지 2년쯤 되었을 때, 자매가 그날의 대화를 기억하며 놀리듯 말했다.

"아니, 목사가 자기 교회 오지 말라고 한 사람은 처음 봤어요. 한 사람 받는 데 뭐가 그리 까다로워요?!"

타박하는 자매의 얼굴에는 행복한 미소가 가득했다. 감사하게도 이 자매는 이전 교회에 대한 상처를 기억하지 못할 만큼 회복이 되었고, 교회를 혐오하던 남편은 세례를 받고 공동체의 사랑을 독차

지하고 있으며, 자녀 셋 모두 교회에 오면 집에 가기 싫어 매주 엄마와 전쟁을 벌일 정도로 교회를 사랑하는 아이들이 되었다. 오히려 이제는 놀고 싶어 하는 아이들을 교회에 맡겨 두고 엄마 아빠는 먼저 집에 가 버릴 정도가 되었다.

이 자매와 대화를 마치고 집으로 돌아가던 날, 고 옥한흠 목사님의 말이 생각났다.

"목사님들, 새로운 사람이 교회에 왔다고 해서 버선발로 달려가지 마세요!"

이 일을 통해 한 사람이 급하고 중요한 개척 교회에 무엇이 진짜 중요한지를 배우게 되었다. '사람 모으고 채우는 일'이 개척 교회 목회자의 사명이 아니라 '한 사람을 살리고, 한 사람을 예수님의 제자로 삼는 일'이 개척 교회 목회자의 찐 사명이라는 사실을 말이다. 이날 다시 한 번 자신에게 다짐했다.

'아무리 사람이 필요하다고 해서 사람을 구걸하는 목사는 되지 말아야지.'

# Story 10.
## 민들레는 민들레

『민들레는 민들레』라는 그림책이 있다. 남녀노소 누구나 참 좋아하는 책이다. 왜 이 책을 이렇게 많은 사람이 좋아할까? 뭔가 우리 시대에 울림 있는 메시지를 주고 있어서일까? 그림책이 사랑받는 가장 큰 이유 중 하나는 글 밥이 적기 때문이다. 책은 읽고 싶은데, 긴 글을 읽기 부담스러워하는 현대인들에게 그림책만큼 좋은 것은 없는 것 같다. 『민들레는 민들레』[4]도 마찬가지다. 책 전체를 봐도 몇 문장이 안 된다. 게다가 단어를 세어 보면 100단어도 안 되는데, 그 글들이 그림과 함께 어우러져 한 장 한 장 넘기다 보면 어느새 민들레 속에 비친 내 인생과 우리네 삶이 슬며시 드러난다.

제목부터 재밌다. 아니 말장난 같다. 『민들레는 민들레』. 그럼, 민들레가 민들레지, 다른 무엇이란 말인가? 책 내용은 이러하다.

---

4  김장성 글, 오현경 그림, 『민들레는 민들레』(고양: 이야기꽃, 2014).

민들레는 민들레,

싹이 터도 민들레,

잎이 나도 민들레,

꽃줄기가 쏘옥 올라와도 민들레는 민들레.

혼자여도 민들레,

둘이어도 민들레,

들판 가득 피어나도 민들레는 민들레,

꽃이 져도 민들레,

씨가 맺혀도 민들레,

휘익 바람 불어 하늘하늘 날아가도

민들레는 민들레

　개척 초기에 몇몇 목사님들과 함께 zoom으로 그림책 모임을 했다. 2주에 한 번 있었던 그림책 모임은 나에게 목회의 숨통을 열어주는, 없어서는 안 될 시간이었다. 짧은 그림책을 읽고 나누다 보면 어느새 미처 생각지 못했던 내 모습을 객관화해서 보게 되기도 했고, 다른 분들의 나눔을 들으며 내 현실을 다르게 해석할 힘과 용기를 얻기도 했다. 그 소중한 그림책 모임에서 『민들레는 민들레』를 읽던 날, 이 그림책을 읽다가 나도 모르게 눈물이 났다. 우리 교회 성도들이 생각나서였다. 우리 성도들이 민들레 같아 보였다. 어떤 상황에서도 민들레는 민들레이듯 우리 성도들도 그가 어떤 상황에 있든지 간에 그들은 그 존재 자체로 꽃처럼 아름다운 하나님의 자녀라는 생각이 민들레 씨처럼 내 가슴에 심겼다.

이 책에서 그림 작가는 민들레를 가로수 옆에 그려 놓았다. 가로수 옆에는 차들이 지나간다. 매연과 소음을 뿜으면서. 하지만 민들레는 자동차가 내뿜은 쾌쾌한 매연과 소음에도 불구하고 의연하게 그 곁에 서 있다. 또 다른 민들레는 고속도로의 벽 틈새에도 피어 있다. 사람들이 버린 쓰레기 더미와 함께. 그 냄새 나는 쓰레기 더미 옆에서 뭐가 그리 좋은지 고개를 의연하게 내밀고 있다. 어떤 민들레는 바람에 날리고 날려 집 지붕 위에도 둥지를 틀고 도도하게 피어 있다. 밤하늘의 별과 마주 보면서 말이다. 아름다운 꽃이 졌을 때도, 씨가 맺혀 밤톨같은 모양으로 있을 때도, 아이의 손에 잡혀 "후~"하고 불리어 하늘을 훠이훠이 날아갈 때도 여전히 '민들레는 민들레'다.

사람은 누구나 우리 자신의 꽤 괜찮았던 시절만 기억하고 싶어한다. 하지만 이 책은 어린 시절부터 지금까지 삶의 마디마디를 돌아보며, 차마 나 자신도 잊고 싶었던 부끄러운 과거와 실패 같은 현재의 시간조차도 '민들레는 민들레야'라며 괜찮지 않았던 자신의 과거를 끌어안게 해 준다. 꽤 괜찮았던 시절의 나도, 마주하고 싶지 않은 과거의 나도, "그게 모두 너야"라고 그림책 작가가 위로해 주듯, 하나님은 우리 성도들을 그들의 있는 모습 그대로를 가만히 끌어안아 주고 계셨다.

사춘기 자녀의 일탈 탓에 자살 충동을 느낄 때도 '민들레는 민들레', 10억의 가계 부채 탓에 살 소망조차 끊어져 있을 때도 '민들레는 민들레', 조현병과 도박 탓에 고통과 불안의 나날을 보내고 있을 때도 '민들레는 민들레', 공황 장애로 한국을 떠나버리고 싶을 만큼 내일이 보이지 않는 광야 길을 걷고 있을 때도 '민들레는 민들레'.

그렇다. '민들레는 어떤 상황에도 민들레'이듯, 우리는 우리 스스로가 붙여 놓은 수식어들을 다 떼어 내고 하나님께서 붙여 주신 새로운 수식어로 부름을 받은 자들이다. 그것이 바로 우리의 정체성이고, 은혜의동산교회의 정체성이다. '성도는 성도', '하나님 자녀는 하나님 자녀', '은혜의동산교회는 은혜의동산교회'. 그것이면 충분하다.

# Story 11.
## 이름으로 세는 교회

휴가를 보내는 중이었다. 식사 중에 다른 교회 성도님 한 분이 내게 물었다.

"목사님, 교회에 요즘 몇 명쯤 모여요?"

순간, 머리가 하얘졌다. 3년이 지났는데, 아직 우리 교회 성도가 몇 명인지 정확히 몰랐기 때문이다. 대략은 알지만, 누군가 물을 때마다 다시 세야만 정확히 안다. 그러나 성도들 한 사람 한 사람의 인생과 신앙 여정은 너무 선명히 알고 있다. 이런 관점으로 보자면, '우리 교회에 누가 있는지는 정확히 알지만, 얼마나 있는지는 잘 모른다'가 더 정확한 대답일 것이다. 그 질문을 받은 날, 집으로 돌아오는 길에 마음속에 큰 기쁨과 감사가 찾아왔다.

'이제껏 우리 성도를 수로 세지 않고, 이름으로 세고 있었구나.'

이름에는 그 사람의 인생과 사연이 담겨 있다. 이름을 기억하는 것은 그 사람과의 이야기를 공유하고 있다는 뜻이다. 예수님은 우리 모두의 이름을 아신다. 그래서 예수님은 우리를 번호로 부르지 않고, 이름으로 부르신다. 예수님께서 내 이름을 아시고, 내 이름을 부르시는 모습을 상상할 때마다 가슴이 벅차오른다.

> 문지기는 목자에게 문을 열어 주고, 양들은 그의 목소리를 알아듣는다. 그리고 목자는 자기 양들의 이름을 하나하나 불러서 이끌고 나간다 _요 10:3, 새번역

나는 교회 사역을 멈추는 그날까지 예수님께서 양들의 이름을 부르시는 이 모습을 본으로 삼고 싶다. 주님께서 목사인 내게 맡기신 가장 큰일은 관리인으로서 당신 양들의 숫자를 세는 일이 아니라, 양들의 형편을 살피고 돌보는 일이기 때문이다. 이 목장, 저 목장 비교하며 왜 우리 목장에는 양이 이것밖에 없냐고 불평하는 '양 장사꾼'이 아니라, 우리 안에 들어 있는 양이 다친 곳은 없는지, 양 무리를 벗어난 양은 없는지, 늑대와 맹수로부터 공격당해 상처를 입은 양은 없는지를 늘 부지런히 살피고 돌보는 '양치기'가 됐으면 좋겠다. 은혜의동산교회도, 한국 교회도 모두가 숫자로 세지 않고 이름으로 세는 교회가 됐으면 좋겠다. 그러다 보면 한국 교회가 지금보다는 조금 더 예수님을 닮아 있지 않을까?

# PART 3

# 개척 교회 하나님은
# 4위일체 하나님

# Story 1.
## 4위일체 하나님

교회 개척이라는 한 번도 가 보지 않은 길을 걷는 것은 낯섦과 새로움의 연속이었다. 그래서 2020년 8월, 교회를 개척하기로 마음먹은 후 나는 약 한 달간 거의 매일 개척 교회 선배 목사님들을 만났다. 새로움에 대한 기대와 떨림도 있었지만, 초등학교를 갓 입학한 어린아이와 같은 불안과 두려움도 늘 공존했기 때문이다.

광야로 나가는 사람들이 광야로 가는 이유는 광야가 좋아서가 아니다. 광야에 계신 하나님이 좋아서이다. 광야에 있는 자들만 맛보아 알 수 있는 하늘 아버지의 특별한 돌보심이 있기 때문이다. 하나님은 차별 없이 모든 사람을 공평하게 사랑하시지만, 광야에서 특별한 하나님의 돌봄과 보살핌을 받아 본 사람은 하나님이 자신만 특별히 편애하시는 분인 것 같다고 조심스레 고백하게 된다.

그 당시 많은 분께 귀한 조언과 경험담을 들으며 나는 정서적 위로와 실제적 도움을 받았다. 그때 들었던 말 중, 신대원 동기 목사님이 자신의 개척 이야기와 함께 말씀하신 한 문장이 아직도 큰 울림과 함께 내 뼛속에까지 새겨졌다.

> "목사님, 하나님은 한 분이시고 어디에나 계신데, 개척 교회 하나님
> 이 한 분 더 계세요. 이건 교회를 개척해 본 사람만 알 수 있어요."

이것은 선교 단체에서 선교사 지망생으로서 훈련을 받던 20대에 선교사님들께 가장 많이 들었던 이야기였다.

교회를 개척하고 나서 농담 같지만 농담 같지 않게 자주 하는 말이 있다.

> "하나님은 삼위일체가 아니라, 4위일체 하나님이세요. 성부, 성자,
> 성령, 그리고 개척 교회 하나님. 이렇게 4위일체 하나님이세요."

처음에 이 말을 들으면 대부분 허무하다는 듯 코웃음을 치지만, 맨땅에 헤딩으로 개척한 은혜의동산교회 안에서 지금도 쉬지 않고 구원의 역사를 펼쳐 가시는 하나님의 일하심을 전하다 보면 어느덧 많은 분들이 하나님께 감사와 찬양을 드리는 것을 확인하게 된다.

코로나가 한창이던 2020년 8월에 교회를 개척하겠다고 주변의 한두 사람에게 알리기 시작했을 때, 어이없어하는 사람들의 표정이 아직도 눈에 선하다. 그리고 사람들에게 가장 많이 들었던 말은 "왜 하필 이때 개척이냐?!"였다. 부모님도 예외는 아니었다. 하지만 그

때는 어디서 나온 배짱이었는지, 메아리처럼 이렇게 응답했다.

> "지금이 사람을 모으기에는 최악의 시기이겠지만, 교회다운 교회를
> 세우기에는 최적의 시기인 것 같아서요."

사람들에게는 40대 초반의 젊은 목사가 던진 허무맹랑하고 단순 무식한 답변이었을지 모르겠지만, 개척 교회 하나님은 이 고백을 기쁘게 받아 주셨던 것 같다. 함께할 사람도, 돈도 없이 우리 집에서 시작한 은혜의동산교회가 3년이 지난 지금까지 망하지 않고 오히려 아름답고 건강하게 세워져 가고 있는 모습을 보면 말이다.

# Story 2.
## 집이라고 놀리지 말아요!

내가 교회를 개척했다는 소식을 듣고 집사님 한 분이 연락을 하셨다.

"목사님, 어디서 개척하셨어요?"

"대전에서요."

"아니, 개척하시는 교회가 어디에 있어요?"

"아, 저희 집에서요."

집에서 개척했다는 내 말에 집사님의 답변이 가관이었다.

"목사님, 처음에는 어렵게 시작해야 나중에 더 큰 은혜를 누리실 거예요."

개척 교회 목사를 위로는 못 해 줄망정, 사람 속을 이렇게 뒤집어 놓을 수가 있단 말인가? 하지만 집에서 모이는 1년 내내 이런 비슷한 말을 비일비재하게 들었다. 코로나가 온 이후로도 '건물이 있어야 교회다'라는 사람들의 의식은 쉬이 바뀌지 않는다는 생각에 조금은 속상했지만, 대수롭지 않게 넘기기로 했다.

그렇다고 "왜 집에서 개척하셨어요?"라고 물으면 딱히 할 말도 없었다. 돈이 없었기 때문이다. 나인들 왜 그럴싸한 공간에서 시작하고 싶지 않았겠는가? 먼저 목사인 내가 가진 돈이 없었고, 또 나를 재정적으로 도와줄 사람이 없는데, 어떻게 예배당 공간을 얻어 교회를 시작할 수 있겠나. '교회는 건물이 아니라 신자들의 모임'이라고 아무리 가르치고 배워도 가시적이고 물리적인 공간이 없으면 교회로 인정하지 않는 분위기와 의식은 나 같은 듣보잡 목사가 넘어야 할 큰 산처럼 느껴졌다.

"집이라고 놀리지 말아요~ 수줍어서 말도 못하고! 예, 베이비~"

우리 집 거실이 그리 크지는 않았지만, 우리 가정을 포함한 4가정이 모여 예배드리기에는 적당했다. 그런데 4가정 중 자녀가 있는 3가정이 모두 다둥이 가정이었다. 어른은 8명인데, 아이들이 9명이나 되었다. 어른보다 아이들이 많은 교회. 어른들은 개척 교회였지만, 아동부는 대형 교회였다. 개척을 준비하면서 전혀 예상치 못한 시나리오였다. 그러나 당황하지 않은 척, 아동부 전도사 시절을 떠올리며 아이들 예배를 먼저 드리고, 식사한 뒤 어른들 예배를 드리기로 했다.

아이들 예배는 11시에 시작했다. 다 같이 신나게 찬양을 부르고, 찬트를 맡아 준 몸치 선생님을 따라 말씀 암송을 하고, 이어서 나의 짧고 굵은 설교가 시작되었다.

"교회는 하나님의 가족이에요."

"교회는 그리스도의 몸이에요."

"교회는 성령의 전이에요."

"이제 각자 방에 들어가서 엄마, 아빠와 함께 가족별로 여러분들이 꿈꾸는 교회를 그려 보고, 다시 모여서 여러분이 그린 그림을 가지고 서로 발표하는 시간을 가져 볼게요."

거실에서 찬양과 설교를 했고, 가정별로 흩어져서 2부 순서를 가졌다. 한 집은 부엌에서, 한 집은 아이들 방에서, 한 집은 거실에서. 부모님들이 자기 아이들의 선생님이 되어 빈 종이에 아이들이 꿈꾸는 교회의 모습을 같이 그려 보았다. 아이들은 그 그림을 가지고 다시 모여서 발표를 했다. 아이들의 그림과 발표에 부모들은 얼마나 감탄했는지 모른다. 역시 아이들의 상상력과 창의력은 대단했다.

아이들 예배를 마치니, 식사할 시간이 되었다. 12시부터 끊이지 않는 수다와 함께 다 같이 유부초밥을 만들었다. 교회를 개척하면 목회자의 아내가 식사 준비 때문에 스트레스가 심하다는 말을 들었다. 나도 동의했다. 나는 아내가 남편의 개척에 등 떠밀려 과도한 헌신을 강요당하는 사람이 아니라 예수님을 사랑하고 주님의 몸 된 교회를 사랑하는 예수님의 제자가 되길 원했다. 그래서 우리는 매주 성도들과 다 같이 식사를 준비했다. 성도들도 기쁘게 동의해 주었고, 같이 준비하고 같이 먹고 같이 정리하면서 오히려 참여하는 기쁨을 누렸다. 자발적으로 동참해 주는 성도들의 모습을 보며 매주 감사했고 감동을 받았다.

점심 식사가 끝났다. 아이들 예배도 끝이 났다. 이제 어른들이 예배를 드려야 하는데, 아이들이 부모 곁에서 떨어질 생각을 안 했다. 그 순간 왠지 모르게 긴장감이 돌았다. 눈치 게임이 시작됐다.

'과연 누가 이 아이들을 맡을 것인가?'

눈치 게임이 한창일 때, 보다 못한 아내가 결국 9명의 아이들을 데리고 동네 놀이터로 나갔다. 아이들이 한꺼번에 빠져나가니 도떼기시장 같았던 시끌벅적함은 사라지고 자연스레 고요한 예배 분위기가 형성되었다. 찬양과 말씀, 그리고 말씀에 대한 삶 나눔까지 끝나고 나니 두 시간 반이 훌쩍 지나갔다. 나눔이 거의 끝나갈 무렵 아내와 아이들이 돌아왔다. 정말 감사했다. 하지만 아내의 얼굴을 보는 순간, 감사한 마음은 거북이 목처럼 쏙 들어가고 말았다. 한껏 흥분한 9명의 아이들과는 달리, 아내는 거의 파김치가 되어 있었기 때문이다. 아내를 보자마자 말할 수 없는 미안함이 한껏 밀려왔다. 만약 여기에서 모임이 끝났다면 그나마 덜 미안했을지도 모르겠다.

# Story 3.
## 우리 오늘로 그냥 교회 문 닫을까?

때마침 그 주에 생일인 형제가 있었다. 형제의 아내가 준비해 온 케이크로 생일 파티를 한 뒤, 자연스레 2차 교제가 시작되었다. 아무도 갈 생각을 안 했다. 시계 바늘은 돌고 돌아 저녁 7시를 가리켰고, 아이들은 배고픔을 호소했다. 그 찰나의 순간, 아내와 눈빛 교환이 이루어졌다.

'그래, 치킨 시켜 먹자!'

그렇다고 치킨만 먹을 수 없으니 점심때 남은 주먹밥을 또 만들어 주었다. 치킨이 오는 동안 각 가정의 아이들을 씻겼다. 다 씻을 때쯤 치킨이 왔고, 저녁 식사를 마친 성도들은 하나둘 집으로 돌아갔다. 성도들이 모두 돌아간 뒤, 아내와 나는 청소와 설거지를 하고 마지막으로 우리 아이들을 씻긴 뒤에 의지와 전혀 상관없이 바닥에 철퍼덕 드러누워 멍을 때렸다. 나도 모르게 마음의 소리가 튀어나왔다.

"우리 오늘로 그냥 교회 문 닫을까?"

우리 교회만 이런 건가? 아니면 다른 개척 교회도 다 이런 건가? 다른 개척 교회들도 다 우리 교회 같다고 하면 그나마 위로가 됐으려나? 생각은 꼬리에 꼬리를 물었고, 단내 나는 입에서는 깊은 탄식과 함께 저절로 기도가 나왔다.

'하나님, 제발 아이들이랑 놀아 줄 남자 청년 한 명만 보내 주세요…
네…?'

개척 교회 하나님은 4위일체 하나님이라는 말이 실감 났다. 푸른 고등어처럼 바닥에 철퍼덕 드러누워 온몸을 부르르 떨며 드린 기도인지 옹알이인지 모를 내 하소연에 하나님은 즉시 응답해 주셨다. 주중에 처음 사역했던 교회의 청년에게 전화가 걸려 왔다. 10년도 넘게 연락이 없던 형제의 전화였다.

"목사님, 잘 지내세요?"
"그래, OO아, 잘 지내. 목사님 교회 개척했는데, 한번 놀러 올래?"
"오, 정말요? 예배 시간이 몇 시예요?"
"아이들 예배는 11시고, 어른 예배는 점심 먹고 오후 2시!"

"그럼, 11시에 저희 부모님이랑 예배드리고, 어른들 예배드릴 때 제가 애들 봐 줄까요?"

"뭐? 정말이야?"

와, 소름이다! 불과 한 주도 안 되어 기도가 응답되다니! 그것도 아이들 봐 줄 남자 청년을 구했는데, 아이들 봐 줄 남자 청년을 정확히 보내 주셨다. 정말 개척 교회 하나님은 4위일체 하나님이시다!

# Stoty 4.
## 그만두는 것도 내 마음대로 되는 것이 아니구나

그런데 한 주 만에 또다시 문제가 생겼다. 어쩐지 일이 이렇게 술술 풀린다 했다. 아홉 명의 아이들이 그 남자 청년 한 명을 얼마나 괴롭혔는지 그 형제는 이 핑계, 저 핑계를 에둘러 대며 다음 주부터는 교회에 오기 어렵다고 했다. 애써 의연한 척 괜찮다고 했지만, 또다시 심난해졌다.

'이제 어른들이 예배드릴 때, 아이들은 누가 돌보지?'

이번에도 도와줄 사람이 깜짝 선물처럼 나타날 줄 알았는데, 이번 주에는 깜깜무소식이다.

'그럼 그렇지. 이 일을 어쩐담?'

어쩔 수 없이 또다시 아내가 아이들을 맡았다. 이제는 날씨가 제법 추워져서 밖으로 나가기도 어려웠다. 아홉 명의 아이들을 데리고 서너 평 남짓한 방으로 들어갔다. 아내는 어른들 예배가 끝날 때까지 방에서 여러 보드게임으로 아이들의 마음을 사로잡았다. 에너지 넘치는 아내의 섬김에도 불구하고 아이들은 잠시 놀다가 엄마에게 가겠다며 떼를 썼다. 그럴수록 아내는 더욱 힘을 내서 아이들과 놀아 줬고, 마침내 어른 예배가 끝났다. 아무리 생각해도 아내의 헌신과 희생이 없었다면 우리 교회는 결단코 여기까지 오지 못했으리라 확신한다.

예배를 마치고 아이들이 방에서 우르르 쏟아져 나왔다. 역시나 한껏 흥분된 아이들과는 달리 아내는 다크 써클이 턱 밑까지 내려온 모습으로 방에서 나왔다. 아내의 얼굴은 마치 골고다 언덕에 서신 예수님의 모습 같아 보였다. '과연 우리 부부는 이 일을 매주 할 수 있을까?' 고민이 깊어져 갔다. 하지만 아무리 고민한다고 해서 뾰족한 수가 나오는 것도 아니었다. 주위의 개척 선배들에게 물어봐도 우리 교회 같은 케이스를 찾아보기는 어려웠다. 이런저런 조언을 들어 봐도 우리의 현실 상황에는 크게 도움이 되지 않았다. '그냥 이렇게 버텨야 하는구나!'라고 체념했다. '답이 없어도 가다 보면 답이 나오겠지'라고 애써 스스로 위로하면서 말이다. 버틸 만큼 버텨 보고, 그래도 안 되면 교회 개척은 우리의 부르심이 아닐 수도 있겠다는 마음 상태로 지내고 있었다.

어느 날, 아내에게 한 통의 전화가 걸려 왔다.

"한나야, 너한테 할 말이 있는데, 차 한 잔 할래?"

15년간 함께 일한 직장 동료 선생님이자 친한 언니였다. 그녀는 이단 OO교 목사님의 딸로서 종교에 대한 깊은 상처와 트라우마가 있는 사람이지만, 우리 가정을 너무나 사랑했다. 그래서 지난 15년 간 그분과는 가족보다 더 가족처럼 지내 왔다. '이 시간에 언니가 웬일이지?'라는 생각을 하며 아내는 약속 장소로 향했다.

> "한나야, 너도 알다시피 나도 개척 교회 목사의 딸이었잖아. 종원 쌤 개척하고 나니까 너희 가정이 많이 생각나더라. 혹시 내가 도울 일이 없을까? 혹시 괜찮으면, 내가 너희 예배드리는 동안 아이들 좀 봐 줄까?"
>
> "뭐, 언니? 정말?"

아내는 전혀 예상치 못한 말을 듣자마자 그 자리에서 엉엉 울었다. 아내가 집에서 나에게 이 이야기를 들려줬을 때 나는 소름이 돋았다. 우리 부부는 교회를 개척하면서 하나님이 눈에 보이지는 않지만 공기보다 훨씬 더 가까이 계시다는 것을 실감했다. 불과 전날 밤까지 답이 나오지 않아 답답해하면서 한숨과 함께 내뱉었던 우리의 하소연까지도 하나님은 다 듣고, 보고 계셨다. 그리고 주님은 우리가 생각지도 못한 기가 막힌 방법으로 응답해 주셨다. 게다가 더 더욱 감사하고 감격스러운 이유는 개척 초기에 아이들을 돌보러 왔던 그 언니가 은혜의동산교회 1호 세례자가 됐기 때문이다. 아이들을 돌보러 왔던 사람이, 우리 교회 최초의 영적 아이로 태어나는 이 기가 막힌 하나님의 섭리를 생각해 보라. 소름이 돋지 않는가?

아내에게 "우리 이제 그만둘까?"라고 말할 때마다 하나님은 이런 방식으로 일하셔서 그 말이 더는 입 밖으로 나오지 못하게 만드셨다. 이 경험을 통해 하나님은 나에게 이런 고백을 하게 하셨다.

> '교회가 세워지는 것도 하나님의 허락 없이는 불가능하지만, 그만두는 것도 하나님의 허락 없이는 불가능한 일이구나! 그래, 하나님께서 때가 되면 세우시고, 하나님께서 때가 되면 걷어 가시겠지.'

# Story 5.

## 목사님, 우리도 예배당 공간을 얻는 거 어때요?

교회를 개척하고 첫 번째 성령 강림 주일에 우리 성도들에게 무슨 말씀을 전하면 좋을지 고민했다. 문득 성탄절이 '예수님의 탄생'을 기념하는 날이라면, 성령 강림 주일은 '교회의 탄생'을 기념하는 날이라는 생각이 들었다. 마가의 다락방에 성령이 임하고 베드로의 설교로 3,000명이 주님께 돌아오면서 예루살렘교회가 시작됐으니 성령 강림 주일이 '교회의 생일'이라는 말은 완전히 틀린 말이 아니다. 그래서 나는 성령 강림 주일을 기점으로 8주간 '교회론'을 설교해야겠다고 생각했다. 특별히 사도행전에 나오는 '예루살렘교회'와 '안디옥교회'를 살피면서 은혜의동산교회를 개척할 당시 품었던 은혜의동산교회 DNA를 성도들과 공유하기로 마음먹었다. 감사하게도 그 설교 시리즈가 진행된 지 얼마 지나지 않아 몇몇 성도들로부터 이런 피드백이 돌아왔다.

"목사님, 우리도 예배당 공간을 얻는 거 어때요? 목사님이 설교하신 바로 그 교회, 우리도 함께 경험해 보고 싶어요."

파커 팔머(Parker J.Palmer)는 교육과 영성의 조화를 위해 한평생을 바친 교육자였다. 그는 『가르침과 배움의 영성』에서 "가르침이란 진리에 대한 순종이 실천되는 공간을 창조하는 일"[5]이라고 했다. 그의 말처럼 10년 전 도서관에서 성경과 교회론 책을 읽으며 내가 꿈꾸었던 바로 그 교회를, 성도들은 설교를 들으며 함께 꿈꾸기 시작했다. 내 가슴 속에 머물러 있던 작은 불씨는 성도들의 가슴으로 옮겨 붙어서 마침내 비가시적 공간을 넘어 현실적이고 물리적인 공간을 창조하려는 열망으로까지 확장되었다.

너무 신기했다. 말씀이 선포되자 성도들은 교회를 꿈꾸기 시작했다. 성도들이 교회를 꿈꾸기 시작하니 그런 공동체를 이루고 맛볼 수 있는 공간에 대한 소원이 생겼다. 이것은 개척하면서 맛본 나의 목회 여정 중 최고로 값진 경험이었다.

사람들은 교회는 건물이 아니라 신자들의 모임인 공동체라고 말한다. 하지만 정작 주위에서 교회 개척을 준비하는 사람들을 보면 먼저 사람을 세우려 하기보다 건물 구하는 일에 열심을 내는 경우가 많았다. 이미 함께할 사람이 있다면 그럴 수도 있겠지만, 나처럼

---

5   파커 팔머, 『가르침과 배움의 영성』, 이종태 역 (서울: IVP, 2022), 157.

맨땅에 헤딩하는 개척 교회 목사들은 하루 속히 생각을 전환해야 한다.

건물을 얻기 전에 공동체를 세워야 한다. 공동체를 세우려면 가장 먼저 사람들에게 복음을 전하고 교회에 대한 비전을 공유해야 한다. 그때 비로소 사람들은 교회 공동체를 꿈꾸게 된다. 그리고 그런 공동체를 실현할 공간에 대한 열망을 갖는다. 은혜의동산교회를 개척하기 전에는 나도 이런 이야기를 귀로만 들었고, 머리로만 상상했었다. 그런데 성경을 연구하며 이상적으로 꿈꾸고 상상만 했던 일이 실제 내 눈앞에서 펼쳐졌다. 이 일을 통해 중요한 사실을 깨달았다. 사람들은 정말 교회다운 교회를 원하고 있었다는 사실을.

하지만 현실은 현실이다. 꿈꾼다고 해서 꿈이 바로 실제가 되지는 않았다. 돈이 필요했다. 돈을 위해서라면 누군가가 대가를 지불해야만 했다. 나보다 앞서 교회를 개척한 선배 목사님들에게서 이런 이야기를 종종 들었다,

"예배당을 얻으면서 개척 멤버들이 떠나는 경우가 종종 있어."

이제까지는 좋았지만, 실제 헌신이 요구될 때부터는 마음이 달라질 수도 있다는 것이었다. 정말 그러했다. 한 가정이 불편한 마음을 내비치며 교회를 떠났다. 목사님이 변했다고 했다. 목회 성공에 대한 야망이 있는 것 아니냐며 오해하기 시작했다. 내가 정말 그러

한지 끊임없이 나 자신을 성찰해 봤다. 하지만 아무리 생각해도 공간을 구하자고 먼저 말한 것은 성도들이었지, 내가 아니었다. 변명하고 싶었지만, 그냥 속으로 삼켰다. 아직도 그 성도 가정이 왜 떠났는지를 나 외에는 아무도 모른다. 오해를 받을 때마다 오해를 풀기 위해 노력하면 목회가 더 어려워질 수도 있겠다는 생각이 들었다. 속상했지만 어쩔 수 없었다. 그 가정이 다른 교회에서 자유로이 더 행복하게 신앙생활했으면 좋겠다고 축복해 주었다.

# Story 6.
## 보증금 2,500만 원의 기적

코로나가 한창이어서 임대로 나온 상가는 많았지만, 자기 공간을 교회에게 허락해 주는 건물주를 만나는 일은 지극히 적었다. 공간을 구하는 일도 쉽지 않았지만, 공간이 정해지고 나서 돈을 구하는 것도 만만치 않았다. '공간을 구하면서 함께하는 성도들마저 없었다면 얼마나 힘들었을까?'라는 생각에 성도들의 존재 자체에 하나님께 깊은 감사 기도를 올려 드렸다.

마침내 성도들과 함께 우리 교회 예배당 공간을 결정했고, 건물주와 계약서를 쓰기로 한 날이 다가왔다. 계약서를 쓰기 위해 건물주를 만난 날, 나는 내가 얼마나 멍청하고 한심한 존재인지 깨달았다. 생각해 보니 보증금이 없었다. 처음 3개월은 우리 집에서 모였지만, 사회적 거리 두기 4단계가 되면서 온라인으로만 예배를 드리다 보니 헌금하는 성도도 없었을뿐더러, 교회 공간을 위해 대출을 받아 본 경험이 없어서 보증금을 어떻게 마련해야 하는지 현실 감각이 제로였던 것이다. 아무튼 계약을 한 날로부터 정확히 두 달 후에 입주하기로 했다. 보증금 2,500만 원을 마련하기 위해 우리에게 주어진 시간은 단 두 달이었다.

집에 와서 아내와 이 부분을 놓고 이야기하다가 내가 얼마나 어리석고 한심한 사람인지 드러나 정말 수치스럽고 부끄러웠다. 말 그대로 현실 감각 제로인 단무지(단순, 무식, 지랄 맞은) 인간이었다. 그래도 수치심과 부끄러움은 괜찮았다. 나만 견디면 되니까. 하지만 보증금은 어쩐단 말인가.

'보증금을 어디서 어떻게 구하지?'

경제적으로 심각하게 어려움을 겪고 있는 성도들한테 헌금하라고 할 수도 없고, 본인 이름으로 대출을 받으라고 강요할 수도 없고. 그렇다고 무직으로 1년 넘게 살아온 내가 대출받으려면 고금리로 캐피탈사 같은 곳을 이용할 수밖에 없으니 아무리 짱구를 굴려 봐도 답은 나오지 않았다. 그러나 돈에 대한 고민도 잠시였다. 성도들을 일대일로 만나서 양육하고 심방하고 목양하다 보니 돈에 대해서 고민할 시간도, 에너지도 없었다. 이걸 은혜라고 해야 하나? 아무튼 시간은 그렇게 쏜살같이 흘러갔고, 마지막 잔금을 치러야 할 결전의 날이 다가왔다.

그런데 이 근자감(근거 없는 자신감)은 어디서 나온 걸까? 잔금을 치르는 날이 왔는데도 불안하지가 않았다. 철이 없는 걸까? 아니면 목회하다가 정신이 나간 걸까? 무슨 이유인지는 알 수 없지만 일단 약속 장소로 갔다. 가는 길에 전화 한 통이 걸려 왔다. 개척하기 전, 마지막으로 섬겼던 교회의 담임 목사님이었다.

"목사님, 공간 얻는다면서요?"

"네, 목사님."

"혹시 뭐 필요한 거 없으세요?"

"음… 돈? 하하하."

미쳤나 보다. 칼만 안 들었지, 이건 완전 날강도 아닌가? 뭐 필요하냐는 질문에 돈이라고 대답하는 내 모습을 보면서 나 자신도 어이가 없었다. 그래도 진짜 필요한 건 돈인데 어떡하나? 줄 수 있으면 줄 수 있는 만큼 줄 테고, 다른 걸 주고 싶으면 그냥 듣고 흘리겠지. 아님 속으로 욕 한번 하고 말더라도 나에게 진짜 필요한 건 돈인데 어떡하겠나! 개척하고 나서 조금씩 뻔뻔해져 가는 것 같았다. 그런데 이런 내 모습도 가끔은 괜찮았다. 속으로만 끙끙 앓는 것보다 낫지 않겠는가? 어쨌든 내 입에서 나간 말을 더는 주워 담을 수 없었다.

"아, 정말요? 그럼 지금 잠시 만날까요?"

'어, 뭐지? 거절하시지 않네? 만나자는 말은 돈을 주겠다는 의미를 내
포하고 있는 것일까? 아니면 내가 너무 혼자서 김칫국부터 마시고 있
는 걸까? 에라이 모르겠다. 만나 보면 알겠지. 너무 미리 앞당겨 생각
하지 말자.'

그렇게 마음을 다잡고 목사님과 집 근처 산책로에서 만나서 1시
간가량 걸었다. 돈이 너무 급한 사람처럼 보이지 않으려고 얼마나
조신하고 또 조신하게 걸으며 말했는지 모른다. 조금은 우아하게,
조금은 무게감 있게. 우리는 산책로를 걸으며 개척한 이래 지금까
지 어떻게 사역해 왔는지, 그리고 어떤 계기로 이 공간을 구하게 되
었고, 이 공간을 통해 어떤 이야기를 만들어 가면 좋을지 등등을 나
누었다. 얼마 전까지 함께 동역했을 때처럼 편안하게 대화를 이어
나갔다.

내 말을 다 들으시고 목사님이 조심스레 말을 꺼내셨다.

"목사님, 실은 목사님이 공간을 얻는다는 이야기를 듣고 장로님과
당회를 했어요. 그리고 목사님이 괜찮으시다면 은혜의동산교회 보
증금을 우리 교회가 무이자로 대출해 주면 좋겠다고 결정을 했어요.
목사님 생각은 어떠세요?"

"네? 정말요? 저야 정말 감사하죠."

목사님과 대화를 마치고 집으로 오는 내내 심장이 두근거렸다. 아직도 우리가 나눈 대화가 현실이라는 게 믿기지 않았다. 마치 구름 위를 걷는 듯했다. 집에 오자마자 아내에게 이 소식을 전했다. 철없고 세상 물정 모르는 나를 하나님께서 불쌍히 여기신 은혜 때문에 말을 하면서 목이 메었다. 그리고 성도들에게 이 소식을 전했다. 교회 밴드에 글을 올리는 내내 손가락이 떨렸다. 책임지지도 못할 목사를 믿고 여기까지 함께 와 줘서 고맙다고. 목사가 우리 성도들 인생을 책임질 능력이 안 되니 하나님께서 여러분을 친히 책임져 주시는 것을 경험하게 돼서 정말 감사하다고. 목사의 부끄러운 고백에 성도들도 모두 감격했고, 그날 우리는 온 마음을 다해 하나님께 감사와 찬양을 드렸다. 하나님은 그렇게 은혜의동산교회 공간을 허락해 주셨다. 하나님의 은혜가 아니고서는 설명할 수 없는 일이다.

# Story 7.
## 주방 선교회

　교회를 처음 개척했으니 모르는 게 얼마나 많았겠는가? 공간이 생기면 끝인 줄 알았는데, 예배당에 필요한 물품은 왜 이렇게 많은지, 예배 때 필요한 음향 시스템부터 교제와 주방에 필요한 책상, 의자, 그리고 주방 용품까지⋯. 그때부터 길거리를 지나다니면서 식당 밖에 놓인 의자나 책상들을 보면, 다 우리 교회로 가져가고 싶은 충동이 들기까지 했다. 게다가 친한 목사님이 시무하는 교회에 가면 안 쓰고 있는 것 같은 장비들을 보면서 혹시 안 쓰면 가져가도 되냐고 물어보는 거지 같은 내 자신을 발견하곤 했다. 아마 모든 개척교회 목사님들이 다 그렇겠지만 너무 절실했다. 누가 뭘 준다고 하면, 총알택시 기사처럼 달려가서 차에 실어 왔다. 당근에 필요한 물품은 알람 설정을 해 놓고, 무료나 싼 값에 올라오면 예수님께 달려갔던 베드로처럼 달려가 물건을 받아 왔다.

그러던 어느 날, 한 형님 목사님이 나에게 냉면 육수를 전해 주려고 연락을 했다.

"종원 목사, 혹시 교회에 냉장고 있어?"

그 형님은 분명 나에게 냉면 육수를 넣을 냉장고가 있냐고 물어본 것이었지만, 돈에 눈이 먼 나는 자동 반사적으로 이렇게 대답해 버렸다.

"형님, 냉장고 주시려고요?"

그날 형님 목사님과의 전화 통화 내용은 아무리 생각해 봐도 어이 상실이다. 내가 생각해도 기가 찼다. 그런데 형님의 반응이 뜻밖이었다. 물론 매우 쌩뚱 맞은 내 대답에 형님은 어처구니없어 했지만, 형님의 돌아오는 대답은 잠시만 기다려 보라는 것이었다. 그러고는 냉장고가 필요하면 간절히 기도하고 있으라고 했다. 정말 간절히 기도했다. 절박하고 절실했으니까. 그렇게 전화를 끊고 얼마 지나지 않아서 형님 목사님에게 다시 연락이 왔다.

"냉장고까지는 모르겠고, 주방에 들어갈 물품들을 주시겠다는데, 종원 목사 언제 시간 돼?"

이건 또 무슨 응답인가?

"네? 주방에 들어갈 물품들을 주신다고요?"

"그래. 내가 사역했던 교회의 권사님들 중 몇 분이 '주방 선교회'라는 걸 만들었어. 그분들이 평소에 헌금을 모아 놨다가 목사님 중에 개척하는 분이 계시면, 그 교회 주방에 필요한 모든 물품들을 100명 분씩 채워 주시는데, 이번에 개척하신 목사님은 부엌이 작아서 60명 분만큼 넣어 주고 40명 분이 남았대. 그거 너희 교회 주시겠다고 하니까 교회 주소랑 권사님들 만날 시간 좀 알려 줘."

"네, 형님. 고마워요. ㅠㅠ"

개척하고서야 알았다. 하나님은 보이지 않는 곳곳에 수많은 보석들을 심어 놓으셨다는 사실을. 개척하고서야 알았다. 이미 다 갖춰진 교회 환경에 몸만 들어가 부목사로 사역하면서 내가 했던 말과 행동이 얼마나 철부지 같았는지를. 무에서 유를 창조해 내야 하는 개척 교회 목사가 되고서야 알았다. 이제껏 미처 생각지도 못한 보이지 않는 영역에서 누군가는 이토록 아름답게 섬기고 있었다는 사실을…. 하나님은 보이는 것만 중요하고 크게 여겼던 어리석은 나를, 보이지 않는 곳에서 묵묵히 섬기는 권사님들의 삶을 통해 회개하게 하셨다.

# Story 8.

## 사랑의 빚에서 사명의 빛으로

예배할 공간은 생겼지만, 인테리어 비용이 없어서 성도들과 함께 깨끗하게 대청소를 한 뒤 의자를 놓는 것으로 예배당에서의 첫 예배 준비를 마쳤다. 의자 외에는 아무것도 없었지만, 우리 집에서, 그리고 온라인으로 예배해 온 1년의 시간을 돌아보니 감격이 밀려왔다.

2021년 10월 3일, 17평 되는 공간에서 열 명이 첫 예배를 드렸다. 앰프도, 마이크도 없었지만, 전심을 다해 찬양했다. 찬양에 이어 말씀과 성찬을 통해 성령께서 하나님의 가족 되게 하신 것을 힘써 지키기 위해 서로 사랑하며 살아가자고, 또한 그리스도의 몸 된 지체로서 머리 되신 예수님께서 가신 그 길을 최선을 다해 따라가자고 고백하는 너무 복된 시간을 가졌다. 코로나 이전에 당연하게 누렸던 것이 얼마나 당연하지 않은 은혜였는지를 뼛속 깊이 경험하는 시간이었다.

그렇게 행복한 첫 예배를 마치고 집으로 왔는데, 한 목사님에게서 연락이 왔다.

"목사님, 혹시 교회에 음향 장비 있어요?"
"아니요. 그냥 기타 치면서 생목소리로 찬양하고 설교하고 있어요."
"그러면 교회 내부 사진이랑, 교회에 대한 소개를 간단히 작성해서
  보내 줘 봐요."
"네, 목사님. 최대한 빨리 작성해서 보내 드릴게요."

얼마 후, 그 목사님에게서 다시 연락이 왔다.

"목사님, 서울의 한 교회에서 음향을 지원해 주기로 했으니까, 앞으
  로 예배 때마다 은혜가 넘치길 기도할게요."
"네, 목사님. 감사해요. ㄲㄲ"

개척 이후 주어진 첫 공간에서 첫 예배를 드리던 그날, 이전에 내가 예배했던 모습들이 생각났다. 화려한 악기와 부족함 없는 음향 장비에도 불구하고 나는 왜 그렇게 건조하게 하나님을 찬양하고 예배했던가? 언제나 예배는 시스템의 문제가 아니라 예배자의 문제임을 깨닫는 시간이었다. 하나님은 기교 부리는 자(player)가 아니라, 기도하는 자(prayer)를 찾으신다. 음향 시스템이라곤 아무것도 없이 의자만 덩그러니 놓여 있던 그 첫 공간과 첫날의 예배는 내가 무엇

을 중요시 여기며 살아야 하는지를 알려 주는 시금석이 되었다.

그러나 하나님의 공급하심은 아직도 끝나지 않았다. 사랑하는 목사님 한 분이, 자신이 아는 장로님 한 분을 소개해 주셨다. 그분은 개척 교회를 돕고 섬기는 일을 하나님께서 평생 자기에게 맡기신 사명으로 여기는 분이라고 하셨다. 그러나 단 한 가지 조건이 있었다. 절대로 자신의 이름을 밝히지 말라는 것이었다.

장로님은 음향 업체 실장님을 우리 교회에 보내셨다. 그리고 우리 교회에 필요한 건반과 영상 장비를 설치해 주셨다. 또한 음향 실장님을 통해 한 가지 부탁을 하셨다. 세 가지 기도 제목을 보낼 테니, 우리 교회가 당신을 위해 꼭 기도해 달라는 부탁이었다. 그 기도 제목은 아래와 같다.

1. 은혜의동산교회 목사님, 저는 교회로부터 장로라는 직분을 받았습니다. 하나님 앞에 서는 날, 결코 부끄러움 없는 장로로 살다가 주님 앞에 설 수 있도록 기도해 주세요.

2. 저는 하나님으로부터 개척 교회를 도우라는 사명을 받았습니다. 바라기는 하나님 앞에 설 때까지 이 사명을 감당할 수 있도록 사업의 복을 주시길 기도해 주세요.

3. 저는 하나님으로부터 개척 교회를 도우라는 이 사명이 내가 죽고 나서도 우리 자녀들에게 이어지기를 바랍니다. 그러니 우리 자녀들에

게 아비의 사명을 자신의 사명으로 여길 수 있는 믿음을 주시도록 기
도 부탁드립니다.

실장님을 통해 문자로 받은 장로님의 기도 제목을 보다가 가슴
이 먹먹해졌다. 내가 뭐라고, 이런 귀한 분의 섬김을 받게 하신단 말
인가. 그리고 이 기도 제목을 우리 교회 밴드에 올리며 온 성도들에
게 이름도 알지 못하는 하나님 나라의 무명의 용사를 위해 함께 기
도해 달라고 요청했다. 아울러 우리도 이런 분들의 귀한 사랑과 사
명을, 그리고 이 사랑의 빚을 결코 잊지 말자고 부탁드렸다.

밴드에 글을 올리고 나서 음향 실장님에게 문자가 하나 더 왔다.

"목사님, 혹시 이번 주 예배 영상 링크를 저에게 보내 주실 수 있나
요?"
"그럼요, 당연하죠. 그런데 예배 영상은 왜요?"
"장로님께서 은혜의동산교회 첫 예배 영상으로 자녀들과 함께 가정
예배를 드리시겠다고 해서요. 장로님의 부탁입니다."
"네, 실장님. 꼭 보내 드릴게요. 감사해요, 실장님. 그리고 장로님께
정말 감사하다고 전해 주세요. ㅠㅠ"

음향 장비가 갖춰지고 드린 그 첫 예배 때, 나는 성도들에게 이
사연을 알리며 이렇게 말했다.

"사랑하는 성도님들, 우리는 예배당 공간을 얻으면서 넘치도록 사랑의 빚을 얻었습니다. 이 사랑의 빚이 사명의 빚으로 변하지 않으면, 우리 교회는 썩고 망할 겁니다. 하나님께서 이름도 모르는 장로님과 여러 교회를 통해 공급해 주시고 채워 주신 이 사랑의 빚들을 가슴에 새기고 심장에 새깁시다. 그리고 이 사랑의 빚이, 반드시 고통 받고 어려움 중에 있는 이웃들을 향한 사명의 빚으로 변하는 교회 되길 바랍니다."

성도들 모두 온 힘을 다해 응답했다. "아멘!"이라고.

모든 개척 교회에 이런 채워 주심이 있는 것이 아님을 알기에 우리 교회에 일어난 이 하나님의 일하심을 보편화시켜서 말하지는 못하겠다. 하지만 개척 처음 당시 선배 목사님이 들려줬던 그 말, "목사님, 개척 교회에는 하나님이 한 분 더 계세요"라는 그 말이 이렇게 실감 나게 다가온 적이 없었다. 이런 크고 작은 일들이 일어날 때마다 하나님께서 얼마나 우리 가까이에 계시는지, 성도들에게 자주 하던 말과 같이 '공기보다 더 가까이 계신 하나님'을 고백하지 않을 수가 없다.

그리고 이런 하나님의 채워 주심을 통해 궁극적으로 일어난 가장 큰일은 바로 목사인 나 자신의 변화였다. 하나둘 채워지기 시작하면서 감사의 마음이 일어나기도 했지만, 한편으로는 깊은 회개와

돌이킴의 은혜를 경험했다. 불신, 즉 내가 얼마나 하나님을 믿지 않았는지에서 확신으로의 돌이킴과 회개 말이다. 사실 그런 채우심과 공급하심이 있기 전까지 내 입에서 버릇처럼, 습관처럼 했던 말이 있었다.

"1–2년 해 보고 안 되면 문 닫으면 되지."

하나님은 듣고 계셨다. 나의 불신앙의 말들을. 그러나 하나님은 참고 기다리고 계셨다. 당신의 신실하신 사랑과 인내로. 당신은 나의 불신앙을 돌이켜 하나님을 향한 감사와 신뢰로 바꾸셨고, 옹졸한 내 마음을 터트리고 깨트려 주셨으며, 눈을 열어 주변의 연약한 교회들을 돌아보게 하셨다. 그리고 그들에게 언제든 곁과 품을 내어 주는 길벗이 되어 주라고 부르셨다. 주님께서 보내 주신 무명의 하나님 나라 영웅들을 통해 나를 변화시켜 주신 것이다. 개척하지 않았다면 결코 만나지 못했을, 그 하나님 나라의 영웅들을 천국에 가면 가장 먼저 만나 보고 싶다. 그리고 그분과 거룩한 입맞춤을 나누고 싶다.

# Story 9.
# 간판 없는 교회,
# 우리 얼굴이 교회의 간판이다!

양가 부모님은 교회 건물에 십자가와 간판이 없는 것을 늘 못 마땅해하셨다. 그 마음을 누구보다 잘 알긴 하지만, 어쩌겠나? 간판을 달 형편이 안 되는 것을…. 간판 견적을 알아봤을 때, 간판이 그렇게나 비싼지 처음 알았다. 그렇게 비싼 돈을 주고 교회 간판을 단다고 한들, 새벽 기도도, 수요 예배도, 주중 기도회도 없이 주일에 단 한 번의 예배만 있는 우리 교회에 누가 간판만 보고 찾아오겠는가? 가끔 외부 손님이 교회를 방문할 때, 우리 교회를 잘 못 찾는 불편함이 있긴 했지만, 그 외에는 목사인 내가 목회하는 데 조금도 불편함이 없었기에 사람들의 말에 크게 개의치 않았다.

성도들이 가끔 "우리 교회는 간판 안 달아요?"라고 묻긴 했다. 그때마다 이렇게 말하며 웃어 넘겼다.

"성도님들의 얼굴이 우리 교회 간판입니다. 간판 보고 교회 오는 사람은 없어도, 성도님들 얼굴 보고 '예수 믿는 사람의 얼굴은 다르구나!'라고 생각하면 우리 교회에 올 수도 있겠지요."

간판 할 돈이 없어서 에둘러 던진 말이었지만, 곱씹을수록 복음적 답변이라는 생각이 들어서 나 스스로 얼마나 뿌듯했는지 모른다. 그만큼 간판은 내 목회의 최하위 순위에 있었다. 그렇게 십자가와 간판 없이 지낸 지 약 1년이 되었을 때, 동네에 이상한 풍문이 떠돌기 시작했다. 우리 교회가 이단 아니냐는 말이었다. 때마침 「나는 신이다」라는 이단 교주를 다룬 방송으로 한국 기독교가 두들겨 맞고 있을 때이기도 했다. 그래서 나도 고민이 조금 더 깊어졌다. 그렇다고 대출을 받아 간판을 달고 싶지는 않았다.

술만 마시면 전화하는 형님이 한 명 있었다. 이름은 정종회. 종회 형님은 2004년 대만 문화대학교에서 교환 학생으로 만났다. 나는 교환 학생 시절 한국 유학생을 30명 가까이 교회로 인도했지만, 그중 예수님과 인격적인 만남이 성사된 사람은 종회 형님이 유일했다. 그 후로 20년이 지났는데, 종회 형님은 술이 만땅 취하면 전화를 했다. 옛날을 그리워했기 때문이다. 그날도 마찬가지였다. 취기에 가득한 목소리로 내 이름을 불러 댔다. "찐쫑위엔" 중국어로 '김종원'이다.

대만에서 헤어진 뒤, 20년 동안 종회 형님에게는 우여곡절이 많았다. 사업의 반복적인 실패로 속앓이를 오랫동안 해 왔다. 그러다가 약 10년 전부터 인생의 상승 곡선이 시작되었다. 그때부터 술김에 전화하면 꼭 물었다.

"찐쫑위엔, 니는 내 인생에 생명의 은인이다. 알제? 찐쫑위엔, 뭐 필요한 거 없나? 다 말해 봐라. 행님이 다 해 줄게!"

그러면 나는 늘 형님이 예수님 잘 믿는 것 외에는 필요 없다고 답을 하고, 한참 농을 주고받다가 전화를 끊곤 했다. 하지만 개척 후에는 달랐다. 그날도 마찬가지였다. 억수로 술에 취한 종회 형님은 전화를 했고, 집에 가는 택시에서 소리를 고래고래 지르며 전과 같이 물었다.

"찐쫑위엔, 니는 내 인생에 생명의 은인이다. 알제? 찐쫑위엔, 뭐 필요한 거 없나? 다 말해 봐라. 행님이 다 해 줄게!"

형님의 질문에 나는 조금도 망설임 없이 대답했다.

"게이 워 치엔! (돈 주세요)"
"뚜오 샤오 치엔? (얼마)"
"헌 뚜오! (많이)"

"하오, 하오! (알겠다)"

'뭐지? 정말인가? 취해서 한 소린가? 아님 진담인가? 술에 취한 사람
말은 믿지도 말라던데'

이 형님 말을 믿어야 할지, 말아야 할지 헷갈리기 시작했다. 그런
데 헷갈림은 잠시였다. 은행 통장에 형님 이름이 찍혔기 때문이다.
300만 원과 함께.

'뭐지? 술 깨고 나서 다시 돌려 달라고 하는 것 아닐까? 돌려 달라고
하기 전에 다 써 버릴까? 다음 날 전화 오면 받지 말까? 이 돈 받고 깔
끔하게 관계를 정리해 버릴까?'

마음에 심한 갈등이 일어났다. 돈 300만 원에 마음이 온갖 요동
을 치는 나 자신을 보면서 한편으로 어이가 없었지만, 300만 원씩이
나 보낸 형님에게 고마웠고, 기쁨이 넘쳤다. 일단 내일까지 기다려
보기로 했다. 아침에 일어나서 딴소리하지 못하도록 간절히 기도하
고 잠들었다.

다음 날 아침, 종회 형님에게 전화가 왔다.

"찐쫑위엔, SNS로 교회 개척했다는 소식 들었어. 형님이 뭐 해 줄 게
없을지 늘 생각하고 있었는데, 어제 간판 필요하다는 이야기 듣고 형
님이 꼭 해 주고 싶어서 돈 보낸 거니까, 그 돈으로 간판 달고, 나머지

는 교회의 꼭 필요한 곳에 사용해."

하나님께서 다양한 방식으로 일하신다는 것을 많이 경험했기에 이제는 어느 정도 예측할 수 있다 생각했는데, 그 생각 또한 자만이었다. 하나님은 언제나 내 생각을 넘어서 일하시는 분임을 다시 한 번 경험했다. 20년 전, 교환 학생 시절 기숙사에서 전한 그 복음의 씨앗이 열매를 맺어 은혜의동산교회 후원자이자 지금까지 인생의 동반자가 될 거라고 누가 감히 상상이나 할 수 있었을까? 그리고 왜 하필 술만 마시면 내 생각이 났을까? 하나님께서 움직이시면 감히 막을 자가 없고, 하나님께서 멈추시면 감히 움직일 자가 없다. 아무리 전진하고 싶어도 하나님께서 막으시면 멈춰 서자. 하지만 내가 가진 자원으로는 한 발짝도 나아갈 수 없는데, 하나님께서 길을 여시면 못 먹어도 Go다!

# PART 4

교 회 의 존 재 목 적

# 회심과 세례 이야기

# Story 1.
## 인간이 스스로 통제할 수 있는
## 영역 너머의 일을 만날 때

교회를 생각하면 치를 떨던 사람이 있었다. 술자리에 앉으면 가장 즐겨 먹던 안줏거리는 기독교인들의 이율배반적인 모습이었다. 기독교인들을 씹고 뜯고 맛보고 즐기면서 묘한 쾌감을 느껴 왔다. 그리고 그 쾌감 이면에는 '나는 적어도 그들과는 달라'라는 마음이 작동되고 있었는지도 모르겠다.

매주 주말이면 대전 근교에 있는 개인 농장에서 가족과 함께 주말 캠핑을 즐겼다. 주중 일터에서 받은 모든 스트레스는 주말 캠핑장에서 음주와 함께 날려 버렸고, 아무 일 없다는 듯이 일상으로 돌아와서 쳇바퀴 같은 일상을 또다시 살아 냈다. 일상에서 약간의 크고 작은 어려움은 있었지만, '그 정도야 인간지사 누구나 겪는 고통 아니겠는가?'라고 치부하며, 인생에 대한 진지한 물음과 성찰 없이 지내 왔다. 바로 그 일이 일어나기 전까지 말이다.

인간은 자신이 통제할 수 있는 영역 너머의 일을 만날 때 지금껏 자신이 구축해 온 세계가 해체되는 경험을 한다. 자신이 쌓아 온 경험과 지식이 인생에서 작동되지 않는 순간을 만났기 때문이다. 자기 내부에 있는 힘만으로 해결할 수 없는 일을 만났을 때, 비로소 내가 얼마나 작고 왜소한 존재인지를 깨닫는다. 유한한 인간은 자기 안에 스스로를 구원할 힘이 없다는 사실을 발견하고 외부 세계를 향해 구원의 손길을 뻗기 마련이다. 어떤 사람에게는 재정적 어려움이, 또 어떤 사람에게는 관계의 문제나 건강의 위기가 구원자를 향해 나아가는 중간 매개체가 된다.

부부는 아들 춘기가 사춘기를 심하게 앓음으로 가정에 혹독한 시련을 맞이하고서야 자신들의 한계를 마주했다. 그토록 즐기던 술자리도 끊고, 개인 캠핑장도 처분할 만큼 부부는 삶의 기쁨과 소망이 끊어지는 아픔을 겪었다. 외부의 도움을 찾고 찾던 부부는 은혜의동산교회를 만났다. 신앙이 있어서가 아니라 썩은 동아줄이라도 붙들어야겠다는 심정으로 교회 문을 두드린 것이다. 비록 기독교를 혐오하고 조롱했던 그였으나 여기가 절벽 끝이라는 심정으로 찾아왔으니 그들이 내민 손을 목사가 어찌 매정하게 뿌리치겠는가? 부모의 상한 마음도 잘 헤아리고 어루만져 줘야겠지만, 동시에 아이의 엇나간 삶도 같이 조금씩 살피며 회복을 도모하기로 했다.

내가 할 수 있는 첫 번째 일은 자주 만나는 것이었다. 개척 교회 목사의 가장 큰 강점은 성도와의 잦은 스킨십이다. 자주 만나고, 자주 대화하고, 자주 삶을 나누는 것. 물론 관계 맺는 것을 어려워하는 목회자는 이 부분에 대해 여러 변명을 대며 빠져나갈 구멍을 만들려 하겠지만, 이 부분은 하나님의 은혜를 구하며 극복해야 할 문제지, 결코 도망가거나 물러서야 할 영역이 아니다.

나는 매주 이 집을 방문했다. 특별한 목적이 있어서가 아니라 그냥 찾아갔다. 아이를 변화시킬 만한 묘책이 있어서 간 것이 아니라 가면 방법이 있을 거라 생각하고 무작정 찾아갔다. 부부는 내가 오는 것을 너무나 기뻐했다. 직장 동료에게도, 친척이나 가까운 이웃들에게도 말하기 부끄러운 가정사인지라 마음 털어놓고 이야기할 수 있는 사람이 없기 때문이었다. 그러니 매주 집을 방문해서 속사정에 맞장구쳐 주며 들어 주고, 함께 아파해 주고, 함께 기도해 줄 목사가 곁에 있다는 것이 이 부부에게는 큰 위로가 되었을 것이다.

# Story 2.
## 너 목사님이랑 당구장 갈래?

이 부부와 즐겁게 이야기하다 보면, 춘기가 쭈뼛거리며 내 옆을 지나친다. 나는 힘껏 반갑게 인사하지만, 번번이 퇴짜를 맞았다. 괜찮았다. 계속 보다 보면, 언젠가 마음이 열릴 날이 오겠지. 한 달이 지나고, 6개월이 지났다. 낯설어하던 나를 어느새 반기기 시작했다. 그러나 그가 마음을 활짝 열기 전까지는 나도 적당한 거리를 지켜줬다. 도도하게 눈인사 정도가 적당했다. 처음에는 아담이 하나님의 낯을 피하듯 내 눈과 얼굴을 피했던 춘기가 나에게 웃어 주던 그날, 내 마음의 문빗장이 활짝 열려 버렸다. 우리는 눈인사에서 악수로, 악수에서 어느새 허그까지 하는 사이로 발전했다. 춘기와 허그하던 바로 그날, 나는 기다렸다는 듯 기습 질문을 날렸다.

"너, 목사님이랑 당구장 갈래?"

얼마 전 춘기의 부모님께 춘기가 최근에 당구에 꽂혔다는 말을 들었기 때문이다. 역시나 내 예상은 적중했다. 춘기와 처음 당구장에 간 날, 아주 잠시 고민이 생겼다.

'이 아이를 이겨야 하나, 의도적으로 아주 아쉽게 져 줘야 하나?'

고민하던 중, 과거의 트라우마 한 장면이 생각났다. 청소년들과 PC방을 갔을 때의 기억이었다. 당시 아이들과 FIFA(축구 게임)를 하다가 참패를 당했는데, 그 아이들은 내가 게임을 너무 못한다고 다음부터는 아예 끼워 주지 않았다. 그때의 슬픈 트라우마가 떠올라서, 나는 아주 아슬하게 이겨 줬다.

춘기가 패배의 쓴잔을 마시고 혹여나 상처를 받지는 않았을까 하는 노파심에 나는 춘기에게 예상치 못한 선물을 줬다. 바로 '짜장면'이었다. 그것도 당구장 안에서의 짜장면을…. 내가 생각해도 너무 센스 있는 선물이었다. 춘기는 당구장에서 먹는 첫 짜장면이라며 폭풍 흡입을 했다. 이미 집에서 라면 두 개에 국물까지 싹싹 먹어 치운 춘기였으나, 짜장 국물까지도 원샷을 했다. 지금껏 16년 인생 중 가장 맛있는 짜장면이었다며 나에게 쌍따봉을 날렸다. 나는 짜장면 한 그릇 덕분에 매주 금요일 춘기와 정기 당구 게임을 갖게 되는 영광을 누렸다. 나는 매주 금요 철야 기도회를 인도하러 가는 심정으로 춘기와 정기 금요 당구를 누렸다.

당구를 마치고 춘기네 집으로 돌아가서 춘기 부모님과 티타임을 가졌다. 나와 춘기가 함께 당구장에 다녀오는 모습. 들어오자마자 당구장에서 인생 짜장면을 먹었다며 환한 미소로 자랑하는 춘기 모습. 1년 넘게 남자 성인에게 오로지 반항심만 보였던 아들이 매주 목사님과 당구를 치기로 했다는 말에 본인들도 이 과정이 믿기지 않았는지 이 교회를 통해 계속해서 사랑과 은혜를 공급받고 싶다며 새 가족 양육 신청을 하셨다.

나는 그저 사춘기 아들 때문에 힘들어 하는 가정을 찾아가서 방문했을 뿐이고, 그들이 털어놓는 속내를 들었을 뿐이고, 그들의 이야기에 같이 고개를 끄덕이며 공감해 줬을 뿐인데, 교회의 정식 회원이 되고 싶다고 양육을 신청한 이들의 고백에 나 또한 잠시 어리둥절했다. 게다가 춘기는 춘기대로, 부모님은 부모님대로 조금씩 사고의 회로가 돌아오고 감정의 기능들이 점차 회복되어 가고 있으니 얼마나 놀라운 하나님의 역사인가?!

여기까지 일 년이 조금 넘는 시간이 흘렀다. 한 가정을 품고 함께 걸어온 여정이 이후로도 이어져 더 진실하게 사랑하며 하나님의 가족인 교회로 살아가면 좋겠다는 생각이 들어 간절히 기도했다. 오늘도 나는 한 사람을 사랑하는 과정에서 하나님께서 어떻게 일하시는지를 배워 간다. 춘기가 나에게 마음을 연 것도, 춘기 부모님이 하나님의 사랑에 마음을 연 것도 모두 꿈만 같다. 머리로 다 이해할 수 없으니 그저 감사하는 것 외에는 할 수 있는 것이 없다. 감사하고 또 감사하다. 지금도 이렇게 감사한데, 춘기 가족 모두가 복음을 받아들이고 세례를 받는 날, 얼마나 감격스러울까? 생각만 해도 속이 울렁인다.

# Story 3.
# 안티 기독교인에서
# 기독교의 안타 선수로 거듭나다

충남대학교 앞 어느 작은 호프집에서 처음 만났던 그날, 곧 있으면 환갑이 될 성인 남성이 젊은 목사에게 자신의 아픈 이야기를 꺼내 놓기까지 얼마나 고민하고 고민했을까? 한편으로 생각하면 그런 용기를 내 준 아버님께 정말 감사하지만, 다른 한편으로는 내 힘으로 해결해 줄 수 있는 것이 아무것도 없다는 무기력함으로 나 또한 얼마나 괴로웠는지 모른다.

그렇게 이어진 1년의 만남이 마침내 열매를 맺었다. 그 사이 아내는 오전에, 남편은 퇴근 후에 각각 6주간의 새 가족 일대일 양육을 받았다. 그리고 2020년 12월 23일, 부부는 예수님을 인생의 구주요 세상을 회복하실 메시아로 고백하며, 이제는 자신들도 예수님이 가신 그 길을 함께 가기로 했다. 크리스마스를 이틀 앞두고 받은, 내 인생 최고의 크리스마스 선물이었다. 할렐루야!

하나님 나라의 복음을 듣고 깨어진 세상을 회복하러 오신 예수님을 메시아로 받아들이던 그날, 춘기 어머님의 말씀에 가슴이 먹먹해졌다.

> "아들 때문에 힘들어서 목사님을 찾아간 그날, 만약 목사님께서 우리에게 교회에 오라고 하셨더라면, 아마도 지금 같은 관계는 안 맺어졌을 거 같아요. 그 힘겨운 시간에 교회로 오라고 하기보다, 오히려 우리 집으로 찾아와 주셔서 그저 묵묵히 들어 주고 같이 아파해 주셔서 정말 감사해요. 만약 그때 우리 가정의 손을 안 잡아 주셨다면, 저도 연예인 박지선 씨와 같이 됐을지도 모르겠어요."

당시에 박지선 씨가 스스로 목숨을 끊어서 사회에 큰 파장이 일어나던 때였다.

지우고 싶었던 지난날의 기억들이 떠올라서인지 억눌렀던 감정을 주체하지 못하고 펑펑 우셨다. 사실 이 가정을 만나고 있을 때, 나 또한 개인적으로 내 인생에서 가장 힘든 시간을 보내고 있었다. 때로는 아이, 부모와의 만남 자체가 버거울 때도 있었다. 그럴 때마다 나는 예수님을 한 번 생각하고 한 번 찾아가고, 예수님을 한 번 생각하고 다시 한 번 방문했다. 돌이켜 생각해 보니 하나님은 내 인생에서 가장 무기력하고 무능력했던 시간을 당신의 영광스러운 복음의 재료로 사용하셨다.

우리는 '내가 준비되면 하나님께서 쓰신다'라고 생각한다. 하지만 '순종하는 모든 순간이 하나님께 쓰임 받는 시간'임을 잊어서는 안 된다. 마른 막대기 같은 내 인생도 하나님의 막대기로 사용해 주셨다면, 하나님께 쓰임 받지 못할 인생은 없다. 생각해 보면, 나 같은 인생을 감히 하나님의 일하심에 끼워 주시는 것만으로도 가슴 터질 듯이 벅차고 감격스럽다. 이 일은 애초에 불가능한 일이었기에, 특종감이다! 놀라운 하나님의 신비다.

춘기 어머님은 아이들이 학교 가고 없는 오후에 집에서 양육을 했다. 따뜻한 집, 고요한 공간에서의 양육은 서로의 이야기를 경청하고 나누기에 최적의 환경이었다. 하지만 춘기 아버님은 달랐다. 저녁에 퇴근하면 아이들이 집에 있었다. 그러니 둘만의 조용한 장소를 찾아야만 했다. 아버님이 초대한 곳은 자기 회사 창고였다. 들어가자마자 벽에는 술병들로 가득했고, 중간에는 옛날 난로가 덩그러니 놓여 있었다. 딱 보기에도 베들레헴 마구간 같았다. 우리 두 사람은 스산한 창고에서 난로를 켜고 6주간 복음의 여정을 함께했다.

처음에는 으슥했던 곳이, 두세 번 가다 보니 내 집처럼 편안해졌다. 난로를 사이에 두고 지나온 인생을 서로 나누다 보니 쌓여 가는 대화의 내용만큼이나 우리의 우정도 쌓여 갔다. 그렇게 인격적 만남을 통해 전해진 예수님의 사랑과 은혜는 춘기 아버님 마음속에 조금씩 심겼다. 6번의 만남을 통해 복음을 들은 춘기 아버님은, 예수님을 인생의 구주로 영접하겠냐는 질문에 이렇게 대답하셨다.

> "목사님, 실은 제가 예수님을 내 인생의 주인으로 모시고 살아갈 자
> 신은 없습니다. 하지만 교회 공동체에 속해서 먼저 믿는 분들이 살아
> 가는 모습을 보며 저도 앞으로 잘 배워 보겠습니다. 그리고 최선을 다
> 해 따라가도록 노력해 보겠습니다."

나는 춘기 아버님의 대답에 약간 충격을 받았다. 모태 신앙인에
게서는 좀처럼 듣기 어려운 고백이었다. 우리는 얼마나 쉽게 예수
님이 내 인생의 주님이라고 고백하는가? 하지만 (내가 만난 사람들에 한
해) 처음 듣는 비신자들은 예수님을 믿는다는 것이 인생의 주인을
바꾸는 일임을 대부분 섣불리 고백하려고 하지 않았다. 그것은 입
으로만 때울 수 있는 그리 간단한 일이 아니기 때문이다. 예수님을
내 인생의 주님이라고 고백하는 것은 내 삶의 전 영역에서 변화를
요구하기 때문이다. 그래서 나는 비신자의 회심을 볼 때마다 우리
의 회심을 다시 점검해 본다.

> '나는 정말 예수님을 제대로 믿고 따라가고 있는가? 그리고 정말 예
> 수님이 내 인생과 온 세상의 주님이라면, 그에 합당한 열매를 맺고 있
> 는가?'

복음을 들은 아버님의 진실한 반응과 고백은 계속 이어졌다.

"목사님도 아시다시피, 목사님을 만나서 예수님에 대해 알기 전에는 교회를 굉장히 싫어했어요. 그리고 저는 타인에게 그렇게 피해를 주지 않았고, 악하게 살지도 않은 지극히 평범한 사람이어서 굳이 종교를 가져야 할 필요성도 잘 못 느끼며 살았어요. 만약 이 6주의 시간을 통해서 복음을 제대로 듣고 배우지 못했다면, 큰 사고는 치지 않더라도 계속 내가 내 인생의 주인이 되어서 돈도, 자녀도 다 내 거라 여기면서 살아갔을 거 같아요."

춘기 아버님의 진지한 고민과 진실한 고백 덕분에 나 또한 신앙의 본질을 다시 돌아보게 되었다. 하지만 신앙이라는 추상적인 관념은 현실이라는 일상을 통해 열매 맺을 때 비로소 실제가 되지 않던가? 그럴싸한 고백은 자신도, 주변 사람도 기만할 위험성이 있다. 데살로니가교회의 성도들은 믿음이 행위로, 사랑이 수고로, 소망이 인내로 열매 맺었던 사람들이다. 마찬가지로 춘기 아버님은 감사하게도 더디지만 믿음에 합당한 삶의 열매를 서서히 맺어갔다.

하루는 춘기 아버님이 예배당으로 들어오시다가 헌금함 앞에서 머뭇거리셨다. 우리 교회는 예배 시간 중에 헌금 시간이 따로 없다. 예배당에 들어오면서 자유롭게 헌금을 하거나 온라인으로 헌금을 한다. 게다가 춘기 아버님은 평소에 온라인으로 헌금을 해 오셨다. 그런데 그날은 웬일인지 헌금함 앞에 한참을 서 계셨다. 나는 호기심이 발동해서 조용히 그 상황을 지켜봤다. 잠시 후, 춘기 아버님은 안주머니에서 봉투를 하나 꺼내시더니 헌금함에 넣으셨다. 헌금을 하시고는 갑자기 나를 향해 성큼성큼 걸어오셨다. 그리고 조용히 이 헌금의 출처를 말씀해 주셨다.

"목사님, 이번 주에 한 직장 동료가 퇴직을 했어요. 그런데 그 동료와 십수년 동안이나 기독교를 물고 뜯고 씹었어요. 그러다가 내가 얼마 전부터 갑자기 개척 교회를 다니게 되었다고 하니, 그 동료가 하는 말이 '아니 당신이 교회를 갈 정도면 그 교회는 정말 대단한 교회일세. 그러면 나도 조금의 마음을 보탤 테니, 나 대신 헌금 좀 해 주게'라고 해서 이렇게 동료의 헌금을 대신 하게 됐습니다."

물론 그 직장 동료분의 말씀처럼 우리 은혜의동산교회가 대단한 교회는 아니다. 하지만 주님께서 이런 방식으로 나와 우리 교회를 위로해 주시는 것 같아서 감사하고 또 감사했다. 그리고 일터에서도 인정을 받으며 살아가는 우리 성도들이 자랑스러웠다. 춘기 아버님의 변화들을 보면서 나 자신을 돌아보았다. 나도 예수님의 제자로서 열매 맺는 삶을 살고 있는지. 부끄러우면서도 도전이 되었다. 도전을 주는 성도가 있어서 너무 행복했다. 늘 그랬듯이 앞으로도 나만 잘하면 되겠다는 생각이 들었다.

# Story 4.
## 춘기 아버님의 첫 기도문

나는 우리 교회에서 가장 귀한 봉사는 기도 봉사라고 성도들에게 가르친다. 그래서 양육을 마치고 봉사를 하고 싶으면 교회를 위해서 기도해 달라고 요청한다. 기도가 없는 교회는 마치 엔진이 작동되지 않는 비행기와도 같기 때문이다.

말씀과 기도에 대한 양육을 받은 성도들은 그 사람이 예수님을 믿은 지 얼마가 되었든 상관없이 주일 예배의 대표 기도자로 섬긴다. 춘기 부모님도 예외는 아니었다. 말씀과 기도 훈련을 마친 두 사람에게도 대표 기도를 부탁드렸다. 감사하게도 두 분은 흔쾌히 순종하셨다.

춘기 아버님이 첫 대표 기도를 하시는 날이었다. 나도 덩달아 살짝 긴장됐다.

'정말 잘하실 수 있을까? 혹시 인터넷에 돌아다니는 기도문을 받아

쓰기하듯 적어 오는 것은 아닐까?'

내 모든 걱정은 기우였다. 춘기 아버님의 기도가 끝나자 그 다음 말을 잇기 어려울 만큼 그분의 기도는 아름다웠다. 순수 그 자체였다.

주 하나님!

하나님 품에 들어온 지 일 년이 조금 안 되는 오늘, 지나온 시간과 앞으로 가야 할 길에 생각을 더해 봅니다. 교회에 냉소적이고, 누구보다도 비판적이었고, 내 옆에 하나님을 얘기해 주는 사람들도 있었지만, 그들의 믿음과 말이 공허한 메아리일 뿐, 자기들의 리그에서 자기만족으로 살아가는 부류들로 치부했었습니다.

그러던 어느 날부터 찾아온, 감당하기 너무 힘든 일이 나한테 일어났을 때 절망, 나락, 극단, 왜 나에게 이런 일이 등 온갖 생각에 시달릴 때, 누님께서 "너희 가족을 위해 기도하고 있어"라는 말 한마디가 빛으로 다가와 큰 위안을 줬습니다. 그렇게 찾아온 하나님은 또 하나의 인연을 맺어 주시려는지 목사님을 만나게 해 주시고, 그러한 시간 속에서 점차 안정을 찾아가며 좋은 인연들을 조금씩 넓혀 가게 되었습니다.

그렇습니다. 나도 이제 받은 만큼 누군가에게 위안을 주고, 어깨를 기대어 줄 수 있는 그런 쉼터가 되는 삶으로 가자고 생각하였습니다. 예수님의 삶에서, 너무도 많은 메시지가 있지만, 그중 한 부분이라도 베껴서, 나의 모습이 말씀의 한마디라도 실천하는 삶이 되고자 합니다.

오늘도 기도합니다.

우리 교회가 온기를 갖고, 지치고 아픈 이들이 와서 쉴 수 있도록 품이 넓은 교회가 되길. 어두운 데서 희망을 잃고 방황하는 이들에게 등대의 불빛이 될 수 있는 교회가 되길. 지금 이 시간에도 열방에서 하나님의 말씀을 전하고자, 지키고자 열심인 목사님들, 선교사님들, 성도님들 모두 예수님을 통해 용기와 희망의 끈이 이어지길 예수님의 이름으로 기도드립니다. 아멘.

교회 다닌 지 1년도 채 안 된 성도의 순수한 기도를 들으며 겉모습은 종교적 수사나 그럴싸한 신앙적 언어들로 덕지덕지 포장되어 있지만 정작 속사람은 주님과 점점 멀어져 가고 있는 모습이 드러난 것 같아서 부끄럽기까지 했다. 춘기 아버님의 기도를 통해 신앙은 교회 다닌 연수에 비례하지 않음을 또다시 깨달았다. 비신자의 회심과 그들의 신앙 성숙은 현재에 안주하고 있는 목사를 성장시키는, 하나님께서 사용하신 가장 아름다운 도구였다.

# Story 5.

## 진리 앞에 놓인 장애물들

진지하게 진리를 찾는 구도자라면, 누구든지 그 길에서 장애물을 만난다. 무엇보다 기독교인이 되려는 사람들에게 가장 큰 장애물은 본인들은 진리에 이미 도달해 있다고 말하면서도 진리와 정반대로 살아가는 기독교인과 교회 자체가 아닐까? 그들의 입에서 전해지는 완전한 도와 불완전한 삶의 괴리가 크면 클수록 그들을 향한 혐오와 반감도 커지기 때문이다. 예수님 시대든 21세기 현대 사회든 진리는 언제나 그 진리에 맞는 인격이라는 그릇에 담겨 전해질 때에야 비로소 온전한 진리로 전해지고 받아들여질 수 있음을 간과해서는 안 된다.

두 번째 장애물은 믿고 싶지만 믿어지지 않는 지성적 한계이다. '창조인가? 진화인가?', '사랑의 하나님께서 왜 사람을 죽이라고 명령하시나?', '전능하신 하나님께서 왜 악에 대해 침묵하고 계신가?', '신이 사람이 되셨다고? 죽은 사람이 무덤에서 다시 살아났다고?'

등등 과학이나 철학 등 인간의 이성으로 결코 이해할 수 없고 받아들이기 어려운 성경 속 이야기가 정말 믿어 보고 싶은 이들에게 믿기 어려운 장애물이 되기도 한다. 그렇다고 이런 질문과 의심을 통해서라도 진지하게 진리를 찾는 이들에게 "덮어놓고 일단 믿어!"라고 말하는 것만큼 폭력적인 것이 어디 있겠는가? 사람마다 고민의 내용이나 깊이는 다를 수 있겠지만, 우리는 누구나 넘기 어려운 지성의 장애물 앞에 서게 된다.

세 번째 장애물은 실존적인 장애물이다. 개인의 내적 외적 고통, 또는 사회의 부조리와 같은 현실적 장애물이 여기에 해당된다. '어떻게 나와 우리 가정에 이런 일이 일어날 수 있지? 나는 왜 장애인으로 태어났지? 이단 부모님 밑에서 태어난 것뿐인데, 내가 책임져야 할 삶의 무게가 너무 무거운 것 아닌가? 하나님은 사랑이라면서 왜 이렇게 나를 힘들게 하시나?' 등등 인생을 살아가면서 던지는 모든 실제적 질문들이 바로 실존적 고통이자 장애물이라고 할 수 있을 것이다.

어떤 이들에게는 장애물이 아주 작거나 하나 정도 있을 수 있지만, 어떤 이들에게는 이 모든 것이 장애물이 되어 그리스도께 나오지 못하는 사람도 있다. 은혜의동산교회에서 처음으로 세례받은 선희 쌤이 바로 그런 사람이었다.

"종원 쌤도 아시다시피 저는 이단 종교 목사의 딸이잖아요. 그러다 보니 어릴 때 기독교인들에게 정말 많은 욕을 먹으며 자랐어요."

"어떤 욕이요?"

"우리 엄마가 너 00교라서 놀지 말래!"

"아… ㅠ.ㅠ"

"그런데 내가 교회를 다닌다는 게 너무 신기하지만, 한편으로 너무 겁이 나요."

"왜 겁이 나세요?"

"두 가지 이유가 있는데요. 하나는 '꼭 기독교여야 하는가?'라는 질문이에요. 아시는 것처럼 저는 00교라는 환경에서 교육받으며 자랐기 때문에, 어떤 특별한 저항 없이 당연하고 자연스럽게 19살에 결혼을 했어요. 그 환경 안에서는 다른 선택지가 없거든요. 그런데 00교에서는 저의 인생 질문에 대한 답을 얻을 수가 없어서 호적을 파는 심정으로 이혼을 하고 00교에서 나왔어요. 그 후로 불교, 요가, 명상, 수행, 등산 등을 통해서도 제 삶의 크고 작은 어려움들을 이겨 낼 수 있었고, 살아갈 동력도 얻어 왔거든요. 그래서 '기독교가 과연 나에게 무슨 의미가 있을까? 내 삶에 진짜 답이 될 수 있을까?'라는 질문에 정말 답을 얻을 수 있을지 걱정돼요. 또 하나는 '내가 정말 기독교를 믿게 된다면, 내가 과연 예수님을 제대로 따를 수 있을까?'라는 질문이 너무 무겁게 다가와서 조금은 겁이 나요. 제 주변에는 기독교에 반

감을 가진 사람들로 쫙 깔려 있든요. 그런데 종원 쌤이 얼마 전에 마
태복음을 설교하면서 세상에서 제일 큰 기적은 마태 같은 우리가 변
화되는 것이라고 말씀하셨던 게 정말 와 닿았어요. 저도 꼭 그렇게 변
했으면 좋겠어요.”

예수님을 자신의 인생과 온 세상을 회복하실 메시아로 고백하던
날, 선희 쌤과 나눴던 대화 내용이었다. 선희 쌤은 2008년에 옛 직
장에서 함께 일한 직장 동료였다. 그 후로 15년간 우정을 쌓아온 선
희 쌤은 은혜의동산교회 1호 세례자가 되었다.

# Story 6.
## 그녀에게 찾아온 한 줄기 빛

그녀는 00교 목사 가정에서 태어나서 독실한 그리스도인이셨던 외할머니와 부모님 사이의 잦은 다툼을 봤고, 종교라는 이념 아래 무조건적인 순종을 강요받으며 살아왔다. 이런 어린 시절 탓인지 '종교 = 폭력'이라는 공식이 그녀의 마음속 깊은 곳에 자리 잡게 되었다.

그녀는 모태 00교 신자였기에 '성경'이 아닌, 00교 내에서 성경보다 더욱 권위 있게 여기는 '교주의 어록집'을 어릴 때부터 읽고 공부해 왔었다. 하지만 공허한 가르침, 가르침과 삶의 괴리, 어린 나이에 시행된 합동 결혼식, 여동생의 정신적 고통과 숱한 자살 시도, 가정보다는 개인적인 삶이 우선이었던 남편과의 불화, 가족 간의 갈등 등이 있었지만, 그 안에는 그녀의 마음을 둘 곳이 없었다. 그녀는 더 이상 그 교회 안에 머물러 있어야 할 이유를 찾지 못했다.

'내 인생은, 그리고 이 세상은 왜 이렇게 고통스러운 것일까?'

선희 쌤은 종교를 통해 인생의 답을 찾기는커녕 고통스러운 짐만 잔뜩 짊어졌고, 이 고통으로부터 탈출하기 위해 갖은 노력을 다 했다. 어린 시절에는 혼자서 고민을 많이 했다고 했다. 내적 고민을 솔직하게 직면할 자신감도, 누군가에게 꺼내 놓을 용기도 없었다. 시간이 흐를수록 자신을 철저하게 혼자만의 섬 안에 가두었다. 삶이 힘들수록 더욱 고립되었고, 스스로의 한계에 부딪혔다. 선희 쌤에게는 강력한 밖으로부터의 구원이 필요했다.

선희 쌤은 스스로의 고민에서도, 온갖 유명한 책에서도 답을 발견하지 못했고, 믿고 기댈 수 있는 어른도 없었기에 자신이 마치 우주적 고아 같은 존재였다고 고백했다. 결국 자기를 초월하기 위해 선택한 것은 '요가'였다. 선희 쌤에게 현실로부터 도피할 수 있는 유일한 시간은 요가를 할 때였다. 요가를 하는 시간만큼은 순간적으로 머리가 맑아졌고, 잠시라도 우주의 기운을 빌려 정신을 수양할 수 있었다. 하지만 요가가 끝나고는 다시 현실 세계로 돌아와야만 했다. 마치 알코올 중독자와 같이 말이다. 하지만 그 순간만큼은 인생의 무게감에서 벗어날 수 있다는 생각에 선희 쌤은 일을 마치면 요가 학원으로 달려가 실체를 알 수 없는 근원적 존재를 향해 빌고 또 빌었다.

그러던 어느 날, 선희 쌤이 아내에게 전화를 했다.

"한나야, 종원 쌤 교회 예배당 생겼지?"
"응."
"나 이번 주에 거기 가도 돼?"
"그럼, 와도 되지."

'선희 쌤에게 무슨 일이 있었던 걸까?'

약속대로 선희 쌤이 주일 예배에 왔다. 스스로 말하기 전에 먼저 이유를 묻지는 않았다. 그녀의 힘겨운 삶을 누구보다 잘 알고 있었기에. 예배를 드리고, 잠시 대화를 나눈 뒤 잘 헤어졌다. 그리고 큰 기대 없이 새로운 주일을 맞았다.

예배를 드리고 있는데, 철문이 삐걱 소리와 함께 열렸다. 거북이처럼 선희 쌤이 머리를 빼꼼 내밀고 들어와 고개를 숙인 채 빈 의자를 향했다. 그리고 어김없이 예배를 드렸다. 설교하는 내내 신경이 쓰였다.

'왜 왔지? 혹시 집에 무슨 일이 있는 걸까?'

너무 궁금한 나머지 참지 못하고 물었다. 무슨 일로 왔냐고. 선희 쌤의 답변에 가슴이 먹먹해졌다. 딱히 무슨 기도 제목이 있어서 온

건 아닌데, 존재적 공허함이 찾아와서 왔단다. '나 이렇게 살아도 되는 걸까? 나 지금 잘 가고 있는 걸까?' 이런 질문에 답하지 못하는 근원적 공허함이 찾아와서 기도하고 싶다는 생각이 들었다고 했다. 그리고 혼자 기도하면 위험할 수도 있으니 우리가 예배드릴 공간을 얻었다는 이야기를 듣고, 거기에서 기도하면 좋겠다는 생각이 들어서 연락을 하고 왔다고 했다.

선희 쌤은 예배를 드릴 때마다 울고 있었다. 양 뺨에 흐르는 눈물을 닦는 선희 쌤을 보면서 설교하는 중간에 나도 마음이 울컥울컥해서 참느라 혼났다. 그럼에도 불구하고 나는 선희 쌤이 흘리는 눈물의 의미를 알고 싶어졌다. 그래서 용기를 내어 물었다. 괜찮으면 새 가족 양육을 시작해 보지 않겠냐고. 하지만 뜻밖의 답이 돌아왔다. 안 그래도 기회가 되면 본인도 신청해 보고 싶었는데, 먼저 물어봐 줘서 고맙다고 했다. 그리고 그녀와의 일대일 새 가족 양육이 시작되었다.

# Story 7.
## 선희 쌤에서 선희 자매로

    선희 쌤과의 일대일 양육을 통해 우리는 피상적으로만 알고 지내 왔던 관계에서 마음 깊이 켜켜이 쌓아 두었던 이야기들을 하나둘씩 꺼냄으로써 진실한 관계로 바뀌어 갔다. 어두운 과거들이 떠오를 때마다 대화 대신 침묵을 하기도 하고, 웃음과 울음을 오갔다. 그렇게 인격적 관계 안에서 복음의 씨앗이 하나씩 뿌려졌다.

    특히 선희 쌤은 말씀을 확인하며 하나님의 사랑에 크게 반응했다. 요가로, 명상으로 우주적 기운을 빌려 자신의 흔들리는 마음을 수양했던 그녀였기에, 말씀을 통해 확인하게 되는 변함없는 하나님의 사랑과 진리는 선희 쌤의 텅 빈 가슴을 꽉꽉 채워 줬던 것이다. 한번은 성경 읽기 과제를 내 줬는데, 과제를 성실하게 마치고 나에게 카톡을 보냈다. 카톡 내용은 스바냐 3장 17절 말씀이었다. '너'라는 단어 대신에 '자신의 이름'을 넣어서.

선희의 하나님 여호와가 선희의 삶 가운데에 계시니 그는 구원을 베푸실 전능자이
시라 그가 선희 너로 말미암아 기쁨을 이기지 못하시며 선희 너를 잠잠히 사랑하
시며 선희 너로 말미암아 즐거이 부르며 기뻐하시리라.

선희 쌤은 이 말씀을 천천히 읽으면서 '하나님의 사랑이 이런 건
가?'라는 마음이 들었다고 했다. 그리고 이어서 온 카톡에 내 마음
도 심쿵했다.

"종원 쌤, 하나님은 나를 항상 사랑하고 계셨는데,
   제가 잊고 살았네요."

만약 이런 고백이 이번 한 번으로 끝났다면, 이날 고백의 진정성
을 의심했을지도 모르겠다. 하지만 그 후로도 매주 모일 때마다 나
누는 고백에 내가 괜한 고민을 했음을 알게 되었다. 마침내 그녀는
예수님을 인생의 구주로, 또 깨어진 세상을 회복하고 완성하실 메
시아로 영접하며 세례 교육을 받게 되었다. 이제 선희 쌤은 더 이상
선희 쌤이 아니라 예수님으로 말미암아 맺어진 하나님의 가족이 되
었다. 선희 쌤에서 선희 자매가 되는 순간이었다.

세례 교육이 시작되던 날, 선희 자매의 고백을 잊을 수가 없다.

"종원 쌤, 예수님을 주님으로 영접할지 말아야 할지 선택해야 했던
   그날에는 그렇게 마음이 무거웠는데, 그 후로 하루하루 마음이 왜 이

렇게 평안하고 따뜻한지 모르겠어요. 저라는 사람은 정말 하이 텐션의 사람인데, 요즘에는 뭔가 모르게 속이 꽉 찬 것처럼 고요하고 평안해요."

선희 자매는 세례식 날, 그 당시 경험한 임보('유기 동물 임시 보호' 줄임말)를 통해 깨달은 점을 나눴다.

"유기 동물은 보살펴 줄 누군가가 나타나지 않으면 곧 안락사로 죽을 수도 있어요. 그렇게 죽을 수도 있었던 개 한 마리를 제가 선택했고, 그 개가 정상적인 생활을 할 수 있도록, 그리고 새로운 주인에게 안전하게 입양될 수 있도록 3개월간 온 정성을 쏟아부어 사랑해 줬어요. 그런데 유기견을 위한 3개월의 사랑과 헌신이, 어느 날 나를 향한 하나님의 사랑처럼 느껴졌어요. 마치 유기견처럼 내버려 두면 죽을 수밖에 없는 나를 하나님께서 아무 조건도, 이유도 없이 먼저 선택하시고, 나를 위해 온 정성을 쏟아부으시고, 보호하시고, 돌봐 주셨다는 것이 이해가 되었어요. 그 하나님께서 나를 구원하시기 위해 자기 아들을 죽기까지 희생하시며 사랑하신 것이 임보의 경험과 묘하게 오버랩되더라구요. 가만히 생각해 보면, 내가 하나님을 선택한 것이 아니라, 하나님께서 저를 선택하셨더라고요!"

선희 자매의 이 고백에 우리는 모두 참았던 눈물을 터트렸다. 선희 자매의 눈에서 사울처럼 비늘이 벗겨졌고, 하늘 아버지를 바라볼 수 있는 시력이 회복되었다. 그리고 하나님은 그녀의 고백을 통해 우리를 향한 하늘 아버지의 사랑을 들려주셨다.

세례식 하는 날 아침, 교회 오기 전에 모든 가족에게 전화를 돌렸단다. 00교 목사님인 아버지와 오빠, 그리고 여동생 모두에게. 가족들 모두에게 전화해서 이렇게 자신의 신앙을 고백했단다. 자신은 이제 하나님의 딸로 살기로 했다고. 00교가 아닌 기독교에서 신앙생활을 하기로 했다고. 게다가 25년 전, 자신들의 의지와 상관없이 결혼해서 아이 아빠가 된 옛 남편에게도 꼭 미안하다고 말하고 싶었단다. 그들을 용서해야 자신이 미움의 감옥에서 벗어날 수 있을 것 같다며. 이 얼마나 근사한 신앙 고백인가?

선희 자매는 그날 이후로 2년이 지난 지금까지도 하루를 시편 23편으로 시작한다. 선한 목자 되신 하나님, 쉴 만한 물가로 인도하시는 하나님, 자기를 소생시키시고 의의 길로 인도하시는 하나님, 사망의 음침한 골짜기에서도 자기를 지키시는 하나님, 평생에 선하심과 인자하심으로 동행하시는 하나님. 그 하나님이 선희 자매의 하나님이시고, 우리의 하나님이시다!

# Story 8.
## 경배 형제,
## 장모님이라는 뽕나무에 올라서다

진리를 향한 구도자라면, 누구에게나 진리와 잇닿는 과정이 있다. 자신의 의지와 상관없이 엄마의 배 속에서부터 십자가를 물고 태어나는 소위 모태 신앙의 부류가 있다. 물론 이들에게도 참된 회심으로의 여정이 반드시 있어야겠지만, 그럼에도 이들은 누구보다 복음을 귀로 들을 기회와 예수님을 따르는 것이 무엇인지를 눈으로 볼 수 있는 기회라는 복을 태어날 때부터 얻은 사람들이라고 할 수 있다.

반면에 기독교와 전혀 상관없는 가정에서 태어난 사람이 있다. 이런 부류의 사람들이 예수님을 알기 위해서는 중간 매개체가 필요하다. 그것은 자기 인생에서 풀리지 않는 진지한 질문일 수도 있고, 예수님을 따르는 사람들의 다른 삶의 방식을 엿보게 됐을 때일 수도 있다.

성경에 후자의 사람이 등장하는데, 바로 삭개오다. 삭개오는 날 때부터 예수님과 전혀 무관한 환경에서 나고 자랐다. 그는 세리장이었고 부자였지만, 자신의 성공과 부가 자신을 만족시킬 수 없음을 알았다. 그때 같은 직업을 가진 세리 레위가 하던 일을 그만두고 예수라는 청년을 따랐다는 소식(눅 5:27)과 그를 통해 많은 세리들이 예수님의 말씀을 듣기 위해 그분께 간다는 이야기(눅 15:1)를 듣게 된다. 결국 삭개오는 레위를 통해 예수님에 대한 자극을 받았다. 그리고 그 진리 탐구의 여정을 통해 마침내 예수라는 진리에 이르게 되었다. 삭개오는 뽕나무에 올라갔지만, 그를 뽕나무에 올라가게 만든 자극제는 레위였다. 삭개오의 회심을 위해서는 레위라는 자극제가 필요했다. 은혜의동산교회에도 삭개오 같은 사람이 있다. 예수와 무관하게 나고 자랐지만, 레위 같은 자극제를 통해 뽕나무에 올라가 마침내 예수를 만난 사람이 있다. 바로 삭개오처럼 회계 팀에서 일하는 경배 씨가 바로 그 사람이다.

경배 씨는 종교가 없는 부모님 아래에서 태어났다. 무교 배경에서 자란 사람들이 다 그렇듯, 경배 씨도 종교에 관해 관심 가질 기회조차 없었던 것은 당연지사다. 그랬던 경배 씨가 기독교와 교회를 처음 접하게 된 것은 미션 스쿨 고등학교에 입학하게 되면서이다. 그곳에서 예수님의 사랑과 은혜를 맛보고 졸업했으면 얼마나 좋았을까? 하지만 우리의 예상과는 달리, 당시 교목(학교 내 목사님)은 아이들에게 비난받을 만큼 입이 거칠었고, 게다가 학교 재정 비리에도 연루되어 있었다. 아이들 중 상당수가 그 교목 탓에 교회에 등을 돌렸다고 한다. 이것이 교회에 대한 경배 씨의 첫 인상이었다.

교회의 주(主)님은 자신의 마음을 끌 만큼 매력적이지 못했지만, 대학교에서 만난 주(酒)님은 그의 마음을 완전히 사로잡았다. 그래서 밤에 시작한 주(酒)님과의 데이트는 새벽까지 이어졌고, 새벽에 깬 경배 씨는 해장을 위해 또다시 주(酒)님을 채워 넣었다. 경배 씨는 대학 4년을 오롯이 주(酒)님 한 분만으로 만족했고, 20대에 통풍이 올 때까지 주(酒)님과 동행하던 그 삶을 멈추지 못했다.

하나님께서 그런 경배 씨를 불쌍히 여기셨는지, 그는 주(酒)님 외에 자신의 마음을 빼앗은 또 다른 존재를 만났다. 현재 아내인 그리스도인 여자 친구였다. 여자 친구는 경배 씨와 연애를 하면서 교회에 가자고 하거나 기독교를 강요한 적이 한 번도 없었다고 한다. 왜냐하면 당시 그녀도 교회에 대한 상처와 아픔 탓에 교회에 대한 부정적 인식이 가득했던 시기를 보내고 있었기 때문이었다. 그렇게 두 사람은 오직 서로에 대한 매력 하나만으로 백년해로를 기약하며 혼인 서약을 했다.

첫째 아이를 낳기 전까지는 누구나처럼 꽤 순탄한 신혼을 보냈다. 하지만 회사까지 출근 시간만 2시간인 경배 씨와 3교대 간호사였던 아내는 출산 후 친정 엄마의 도움이 절실해졌다. 경배 씨의 장모님은 이미 베이비시터로 오랫동안 일해 오셨기 때문에 장모님이 집에 함께 계신 것만으로도 경배 씨에게는 말할 수 없는 위로가 되었다. 그리고 장모님이 같이 살게 된 이 일이 경배 씨에게는 기독교와 교회를 만나게 된 결정적 계기가 되었다.

아내와는 달리 장모님은 경배 씨를 교회로 인도했다. 그는 강제 반, 자율 반으로 장모님과 함께 교회에 출석하기 시작했다. 교회 생활에 열심이 특심이셨던 장모님은 경배 씨가 교회에 가지 않으면 핍박까지는 아니었지만 상당히 눈치를 주셨고, 사람을 좋아해서 누군가의 부탁을 쉬이 거절하지 못하는 경배 씨는 가정의 평화를 위해 매 주일 교회에 같이 가 드렸다.

그런데 일요일마다 경배 형제는 고개를 갸웃거렸다.

'왜 교회만 다녀오면 엄마(장모님)와 딸(아내)은 싸우는 걸까?'

이것이 풀리지 않는 숙제였다고 했다. 교회에서는 분명 '사랑하라'고 가르치는데, 두 사람은 왜 사랑하지 않고 '싸울'까? 결국 경배 씨는 교회에서 전하는 설교에 조금씩 마음을 닫았다. 하지만 가정의 평화를 위한 교회 출석은 계속되었다.

출산과 함께 시작된 장모님과의 동거는 약 3개월이 지나서 장모님의 복직과 함께 끝이 났다. 그리고 장모님의 부재와 함께 이 부부는 자연스럽게 교회를 떠났다. 하지만 아내의 육아 휴직 2년이 끝났을 때, 이 부부는 다시 장모님의 손길이 필요했다. 그래서 첫째 아이를 봐 주기 위한 장모님과의 두 번째 동거가 시작되었다. 또다시 시작된 가정의 평화를 위한 경배 씨의 교회 생활. 그렇다고 경배 씨가 장모님을 싫어한다거나 장모님과의 관계가 어려웠던 것은 아니다. 오히려 장모님의 수고에 대해 진심으로 감사했기 때문에 감사에 대한 보답으로 할 수 있는 최선이 교회에 출석하는 것이었다.

장모님과 동거하는 중에 경배 씨 부부는 둘째를 출산했고, 둘째를 출산한 지 6개월쯤 지났을 때 장모님은 갑자기 교회를 옮기겠다고 말씀하셨다. 아들이 다니는 교회로. 그리고 교회를 옮긴 이후로는 웬일인지 단 한 번도 교회 가자는 말씀을 하지 않으셨단다. 경배 씨는 또다시 고개를 갸웃거렸다.

'그렇게 나를 교회에 데리고 가고 싶어 하시던 장모님이 왜 갑자기
 나에게 교회 가자는 말씀을 안 하시는 거지?'

게다가 교회를 옮기고 나서부터는 이전과는 달리 딸과의 감정 싸움이 조금씩 줄어들었다.

'아니, 무슨 일이지? 어머니 얼굴을 보니까 이전보다 행복해 보이고,
 딸과의 다툼도 줄어드는데, 왜 나에게는 교회 가자는 말씀을 일절 안
 하시는 거지?'

그 후로도 경배 씨는 장모님의 변화되는 모습을 보면서 자주 고개를 갸우뚱했다. 그리고 이것이 계기가 되어 경배 씨는 교회에 관심을 가지게 되었고, 마침내 교회를 향해 직접 발걸음을 옮기기로 결심했다. 경배 씨를 갸우뚱하게 만든 그 교회가 바로 '은혜의동산 교회'다.

# Story 9.
## 처음 된 자가 나중 되고, 나중 된 자가 처음 되다

　장모님의 변화 덕분에 교회에 오긴 했지만, 경배 씨는 역시나 교회에 적응하기 힘들어 했다. 사람들의 지나친 관심과 시선, 개척 교회의 좁은 예배당 등 모든 것을 불편해했고, 숨 쉬기도 힘들어 했다. 하지만 장모님의 기뻐하는 모습을 보며 몇 번 더 참고 교회로 나왔다. 감사하게도 경배 씨의 두 아들이 교회에 오면 집에 갈 생각을 안 해서 경배 씨는 어쩔 수 없이 2시에 와서 6시까지 교회에 붙잡혀 있어야만 했다. 성도들과 나도 경배 씨가 부담 갖지 않도록 적절히 거리 두기를 했다. 그렇게 한두 달이 지나자 어느 날부터 경배 씨는 설교에 집중하고 있었다. 나는 경배 씨의 반응이 진심인지 확인하고자 새 가족 양육을 제안했다. 놀랍게도 기다렸다는 듯 경배 씨는 복음을 들어 보겠다고 반응했고, 한 달이 지나서 기적같이 마음 문을 활짝 열고 예수님을 자기 인생과 세상의 구주로 영접했다. 누구보다 경배 씨의 아내와 장모님이 가장 기뻐하셨다.

경배 형제의 세례식이 있었던 2022년 12월 25일, 은혜의동산 교회에는 한바탕 축제가 벌어졌다. 그를 축하해 주기 위해 온 성도가 몰래 영상 편지를 녹화했고, 경배 형제는 그 영상 편지에 수도꼭지가 열린 듯 눈물을 흘렸다. 영상 편지가 끝나자 그의 영적 출생을 기뻐하며 모든 남자 성도들이 앞으로 나와서 축가를 불러 줬다. 이어서 그가 주님 품으로 돌아오기까지 가장 가까이서 눈물로 기도하며 복음의 씨앗을 뿌리고 사랑의 수고를 마다하지 않은 장모님이 경배 형제를 향한 사랑의 편지를 읽었고, 우리는 모두 눈물 바다가 되었다.

영적 갓난아기로 태어난 경배 형제는 마치 엄마의 젖이 없으면 죽을 수도 있다는 심정으로 헐떡이며 말씀의 젖을 빨아 먹기 시작했다. 예배 시간에 선포된 말씀의 핵심을 거의 외울 정도로 집중해서 들은 후 삶에 적용하며 살았고, 2023년 1월부터 시작된 공동체 90일 성경 읽기에 지원해서 지금까지 3독을 마쳤다. 단순히 성경을 열심히, 많이 읽는 것에 그쳤다면 그 모습이 그리 감동적이지는 않았을 텐데, 경배 형제는 매일 열 장에서 열두 장 정도 읽은 그 본문 안에서 이해가 되지 않는 것들은 단체 카톡방에 질문을 하기도 했고, 그 본문을 읽으며 삶에서 깨닫고 적용한 말씀들을 나누기도 했다.

네 손으로 일한 만큼 네가 먹으니, 이것이 복이요, 은혜이다 _시 128:2, 새번역

오늘도 일할 수 있음에 감사합니다! 일한 것 이상을 바라던 욕심을 내려놓고, 주어진 만큼의 복을 찐하게 누리는 자녀 되겠습니다.

*\*

그러나 이제 야곱아, 너를 창조하신 주님께서 말씀하신다. 이스라엘아, 너를 지으신 주님께서 말씀하신다. "내가 너를 속량하였으니, 두려워하지 말아라. 내가 너를 지명하여 불렀으니, 너는 나의 것이다." _사 43:1, 새번역

"너는 나의 것이다"라는 말씀에는 짧지만 굵은 든든함이 묻어납니다. 우리의 신분이 어디에 속해 있는지 다시 한 번 되새겨 봅니다. 지난 한 주 증명의 욕구로 인하여 괴로웠기에 회개하며 방향을 바로잡으려 합니다. 이번 한 주 하늘나라 시민의 정체성을 잊지 않고, 최선을 다해 사랑하고 섬기는 한 주 되기를 간절히 소망합니다!

*\*

주 하나님께서 나를 도우시니, 그들이 나를 모욕하여도 마음 상하지 않았고, 오히려 내가 각오하고 모든 어려움을 견디어 냈다. 내가 부끄러움을 당하지 않겠다는 것을 내가 아는 까닭은, 나를 의롭다 하신 분이 가까이에 계시기 때문이다. 누가 감히 나와 다투겠는가! 함께 법정에 나서 보자. 나를 고소할 자가 누구냐? 나를 고

발할 자가 있으면 하게 하여라. 주 하나님께서 나를 도와주실 것이니, 그 누가 나에게 죄가 있다 하겠느냐? 그들이 모두 옷처럼 해어지고, 좀에게 먹힐 것이다 _사 50:7-9, 새번역

오늘도 어김없이 상큼하게 모욕받으며 시작하는 한 주였습니다. 하늘나라 시민이라는 사실 하나만 붙들고 달리니 하루가 버텨집니다. 힘겹게 지내온 하루를 주님께서 말씀으로 위로하여 주시니 감사합니다. 부끄러움을 당하지 않을 것을 아는 하나님 자녀로 살겠습니다.

우리들은 20년, 30년 넘게 신앙생활을 하면서도 성경을 읽으며 질문할 줄 몰랐는데, 경배 형제의 순수한 모습에 우리는 반성했다. 때로는 경배 형제에게 질문 좀 그만하라고 놀리기도 했지만, 그의 말씀에 대한 진지한 반응과 나눔에 오히려 우리는 모두 이렇게 고백할 수밖에 없었다.

"처음 된 자가 나중 되고, 나중 된 자가 먼저 된다는 말씀은 참이구나!"

# Story 10.
## 추수 감사 주일, 감사 간증의 주인공

2023년 추수 감사 주일이 다가왔다.

'어떻게 하면 1년간 베풀어 주신 하나님의 은혜에 가장 넘치는 감사를 드릴 수 있을까?'

한 가지 떠오른 생각을 예배 시간에 성도들에게 나눴다.

"2023년 추수 감사 주일에 드린 절기 헌금은 모두 미자립 교회로 흘려보내겠습니다. 그리고 그날은 제가 설교하지 않고, 성도들의 감사 간증으로 대체하겠습니다. 2023년 한 해 동안 자신의 삶에 베풀어 주신 하나님의 은혜를 공동체 앞에서 나누길 원하는 분은 저에게 개인적으로 연락 주세요."

역시나 광고가 나간 첫째 주에는 지원자가 전혀 없었다. 포기할 수 있나? 한 주를 더 기다렸다. 한 사람에게 연락이 왔다. 경배 형제였다. 세례를 받은 지 1년도 채 안 됐지만, 1년 동안 경배 형제 삶에 얼마나 많은 변화가 있었는지, 경배 형제가 예수님을 닮기 위해, 예수님의 제자로 살기 위해 얼마나 몸부림쳤는지를 성도들 모두가 너무 잘 알고 있었기에 경배 형제의 지원이 무척 반가웠다.

경배 형제는 이틀간 썼다 지웠다를 반복하며 간증문을 완성했다고 했다. 그 간증문을 읽는 내내 1년 반 동안 경배 형제와 함께 걸어온 신앙의 여정이 주마등처럼 스쳐 지나갔다. 경배 형제가 보내 준 감사 고백을 다 읽자마자 내 입에서는 감사와 찬양이 흘러나왔다. 감사가 감사를 낳았다. 경배 형제의 감사가 나의 감사가 되었고, 공동체 전체의 감사로 확장되었다. 그리고 우리의 감사는 이웃을 향한 사랑으로 흘러갔다.

### <추수 감사 주일 감사 간증문>

저에게 감사란, '그리스도인이 된 것에 대한 실감'이었습니다. 예수님을 믿는 순간부터 모든 생각과 행동의 시작, 과정, 결말에서 감사를 떼어 놓을 수가 없었습니다. 처음에는 하나님의 자녀였음을 깨달은 것에 마냥 기쁘고 신이 났지만, 양육을 받고 그 내용으로 삶을 살아내는 동안의 저의 변화를 감히 '감사'라는 한 단어로 표현할 만큼 의미가 있었기에 감사의 고백을 은동교 가족 분들과 함께 나누고자 합니다.

…(중략)…

수많은 감사함이 있지만, 아마 저에게 가장 행복한 감사는 공동체 사랑에 대한 감사인 것 같습니다. 제가 교회에 나오기까지 많은 분들의 감사한 배려가 있었습니다. 적정선을 잘 유지해 가며 다가와 주신 목사님께 감사하면서도 모든 성도들이 다 같이 적정선을 유지하며 다가와 주시는 데 묻어나오는 배려는 감사 그 자체였습니다. 마치 어깨동무를 하고 함께 움직이는 것처럼 따뜻했으며, 한 지체가 움직이는 것 같은 자연스러움이 지금 생각해도 너무 사랑스럽습니다. 서로를 바라보는 눈빛과 서로를 위하는 기도, 건네는 말 한마디에 저는 매주 작은 예수님을 보는 듯합니다. 하나님이 성도들을 통하여 사랑하시는 것임을 제대로 깨닫게 해 주셔서 감사한 마음을 이 자리를 빌려 전합니다.

요즘은 이런 감사한 마음들이 저만 느끼기에는 너무 아깝다는 생각이 듭니다. 태어나면서부터 풍성함 속에 있던 분들과는 다르게 늦게 영접하고 보니 아직 서툴긴 하지만 그래도 세상에서 하나님 사랑을 전하기 위해 쓰일 수 있음에 감사합니다. 일이 힘들 때나 마음이 지칠 때 이를 통해서 하나님이 무엇을 하시는지, 또 저를 어떻게 쓰실지 기대하며 살고 있습니다. 오늘과 같이 감사한 날에 감사에 대한 간증을 하도록 움직이셨다고 생각하니 감사할 수밖에 없는 감사의 날입니다. 감사합니다.

경배 형제의 감사 간증문을 보면서, '예수님을 믿은 지 1년 겨우 지난 사람이 어떻게 이렇게 성장할 수 있었을까?'를 많이 생각했다. 세 가지 정도가 생각났다. 첫째, 선명한 복음에 대한 이해를 통한 회심이었다. 둘째, 회심한 직후 영적 성장을 위한 건강한 영적 습관 형성이었다. 셋째, 듣고 배운 것을 어떻게 살아 내는지 보고 배울 수 있는 건강한 공동체였다.

장모님의 변화된 삶을 보면서 갖게 된 기독교와 교회에 대한 궁금증, 그리고 성도들의 따뜻한 환대와 진실한 사랑을 통해 활짝 열린 마음, 거기에 심긴 선명한 복음과 그에 따른 회심, 마지막으로 그 복음을 살아 내려고 함께 몸부림치는 공동체와의 동행이 경배 형제를 여기까지 오게 했다.

교회를 오래 다녔지만 이런 말을 하는 사람들이 너무 많다.

"신앙생활을 오래 해도 사람은 절대 안 변해요."

나는 이런 사람들에게 다시금 도전하고 싶다.

"하나님은 아직도 당신의 백성들을 위해 일하고 계십니다."

은혜의동산교회를 개척한 후 회심한 형제자매들과 그들의 성장과 성숙을 보며 아내와 밥 먹듯 반복하는 고백이 있다.

"우리 개척 안 했으면 어떡할 뻔 했을까?"

뜻밖의 개척이라 생각했지만, 그분의 뜻 안에서 가장 선하고 아름답게 역사하시는 하나님께 정말 감사하다.

# Story 11.
## 은혜의동산교회의 세 가지 꿈

"개척하고 힘들지 않냐?"고 묻는 이들이 많다. 질문한 의도와 마음은 알겠으나, 질문 자체가 틀렸다고 본다. 최전방에 배치받은 군인과 관공서에서 근무하는 공익 요원에게 "군 생활 힘들죠?"라고 각각 물어본다면 둘 다 힘들다고 대답할 것이다. 사람마다 약간의 차이는 있겠지만, 어떤 가수의 노래처럼 인생은 누구에게나 고해이지 않는가? 개척 교회 목사의 삶을 정직하게 돌아보면, 부목사로 사역할 때보다 더 힘들 때도 있긴 하지만, 그때보다 훨씬 행복할 때가 많은 것도 사실이다. 다만 질문을 바꾸어 "개척 교회 목사로서의 지난한 현실을 끝까지 버티게 하는 힘이 뭐예요?"라고 묻는다면, 버틸 뿐 아니라 때로는 기쁘고 감사하게 걷게 만드는 힘이 있는데, 바로 한 사람의 인생에 회심의 열매가 나타나는 것을 볼 때이다.

은혜의동산교회 회심 사역의 가장 큰 특징은 믿지 않는 가족이 주님께 돌아오는 것이다. 이것은 교회 개척 이후 가장 큰 감사의 이유이기도 하다. 지구 반대편 사람들을 사랑하는 것보다 어려운 일이 가장 가까이 있는 사람을 사랑하고 섬기는 일이기 때문이다. 그런 측면에서 본다면, 믿지 않는 가족의 회심은 우리 성도들이 자기 삶의 변화를 가장 가까운 가족들에게 보여 주고 있다는 증거가 된다.

팀 켈러(Timothy J. Keller)는 "성령 충만한 그리스도인 공동체는 대안 사회가 되어서 '언덕 위의 도시'가 되어 하나님의 영광을 세상에 비추어야 한다"[6]라고 했다. 종석 형제의 세례식 과정을 복기하면서 떠오른 단어는 '복음을 증거하는 공동체'였다.

은혜의동산교회를 개척하면서 '하나님 나라'라는 거창한 꿈과 거대 담론을 이야기할 때도 있었지만, 소박하고 일상적인 꿈도 있었다. 세 가지인데, '첫째로는 성도들이 오고 싶은 교회, 둘째로는 오면 머무르고 싶은 교회, 마지막으로는 성도들이 이웃을 데리고 오고 싶은 교회'가 바로 그것이다.

첫째, 어디로 가고 싶은가? 사람은 기본적으로 자신을 타인의 잣대로 판단받지 않고, 있는 모습 그대로 수용해 주는 사람과 장소를 원한다. 안으로 구부러진 인간의 자아는 자기를 향한 중력에서 벗어나기가 좀처럼 쉽지 않다. 따라서 타인을 있는 그대로 수용해 줄 수 있으려면, 우리를 있는 그대로 용납하고 받아 주신 하나님의 은

---

6 팀 켈러, 『팀 켈러의 복음과 삶 성경공부』, 오종환 역 (서울: 두란노, 2018), 100.

혜의 시선이 선행되어야만 한다. 은혜의동산교회에서는 차별 없는 하나님의 은혜가 교회의 기초요 전부라고 해도 과언이 아니다. 그 은혜가 깃든 환대와 따뜻한 수용으로 말미암아 성도들이 오고 싶은 교회, 그거면 성공한 목회, 행복한 목회라고 생각했다.

둘째, 어디에서 머무르고 싶은가? 머무름은 안식할 때 찾아오는 정서요 반응이다. 시편 131편에는 젖 뗀 아이가 엄마 품에 머물러 있는 모습이 묘사되어 있다. 사람이 인간 세계에서 가장 안식할 수 있는 곳은 엄마의 품이지 않은가? 칼뱅이 '교회는 모든 신자들의 어머니'라고 말했듯, 교회는 성도들이 안식할 수 있는 엄마의 품 같은 곳이어야 한다. 나는 은혜의동산교회가 성도들의 모자람과 약함을 품을 수 있는 엄마 품 같은 안식처가 되길 꿈꿨다.

마지막으로, 성도들은 이웃을 어느 교회로 데리고 가고 싶은가? 첫째와 둘째가 실천되면, '성도들이 이웃을 데리고 오고 싶어 하는 교회'라는 세 번째 꿈은 자동적으로 따라오는 결과라 생각했다. 개척 4년이 되어 가는 현시점에서 돌아보면, 아직은 이 세 가지 축복을 누리는 중인 것 같다. 그 열매가 가족 구원이었다. 용기가 안 나서 그렇지, 성도들이 직장 동료도, 동네에서 알게 된 이웃 주민들도, 기회만 되면 교회로 초대하고 싶어 한다. 그런 마음을 종종 나눠 줄 때마다 목회의 보람과 행복을 느낀다. 그리고 그런 성숙한 성도들에게 늘 고맙다.

# Story 12.

## 모태 여호와의 증인

---

은혜의동산교회 세 번째 세례식 주인공은 '김종석' 형제이다. 종석 형제의 이력은 특이하다. 종석 형제의 부모님은 여호와의 증인 신자시다. 현재도 마찬가지다. 종석 형제도 자연스레 모태 여호와의 증인 신자가 되었다. 하지만 일찍이 아버지의 외도와 사업 실패 탓에 종석 형제는 작고 벌레 가득한 집에서 엄마 없이 아버지, 남동생과 셋이서 유년 시절을 보내게 되었다. 그러던 어느 날, 두 살 어린 동생이 네 살 때, 집 앞에서 놀다가 도롯가로 뛰어들었다. 눈 깜짝할 사이에 벌어진 일이었다. 기적은 일어나지 않았다. 레미콘 트럭이 도롯가로 뛰어든 동생을 치고 말았다. 대형 사고가 난 것이다.

집 근처 병원에서 당장 수술을 해야 할 만큼 위급한 대형 사고였지만, 여호와의 증인 신자였던 아버지는 자신의 교리를 수호하기 위해 '수혈을 거부'했다. 수혈하지 않고 수술할 수 있는 병원을 찾다가 결국 동생은 한쪽 다리를 잘라야만 했다.

이런 고통스러운 어린 시절의 상처들은 종석 형제로 하여금 종교란 인간을 불행하게 만드는 필요악이라는 부정적 인식을 가지게 만들었다. 게다가 장애인으로 일평생 살아야 하는 동생을 돌봐야 하는 부담감 때문에 20살부터 생활 전선에 뛰어들게 되었다. 세상에 대한 부정적 인식과 일찍이 동생을 돌봐야 한다는 책임감 가득한 삶 탓에 쉼도 안식도 없이 살아온 40여 년의 인생에, 복음은 어떻게 종석 형제에게 좋은 소식이 될 수 있었을까? 그리고 하나님은 어떻게 그의 삶을 변화시켜 가셨을까?

목사인 내가 종석 형제와 일대일로 3개월간 복음을 전한 것은 사실이다. 하지만 복음을 들어 보겠다고 종석 형제의 마음을 열게 한 것은 '공동체의 기도와 사랑의 수고'였다. 복음을 전하는 전도자만큼 중요한 것은, 복음을 살아 내는 공동체다. 종석 형제가 교회에 오게 된 계기도, 복음을 들어 보고 싶게 만든 동기도, 복음을 듣고 예수님의 길을 자신의 길로 받아들이게 된 결정적 요인도, 모두 공동체의 헌신이었다. 종석 형제 아내가 다리를 다쳤을 때, 며칠 동안이나 집으로 찾아가서 반찬을 해 주었던 성도의 수고와 헌신. 종석 형제가 없었을 때 아이들이 아프면 새벽이라도 자기 차로 아이들을 병원에 데려다 줬던 성도의 사랑과 희생. 가족들이 다 같이 코로나에 걸려서 두 달가량을 집에 격리되어 있어야 했을 때, 성도들 서로서로가 기회만 되면 집으로 찾아가서 문고리에 밥, 반찬, 커피, 아이들 먹거리 등 아낌없이 전해 주고 왔던 공동체의 사랑의 수고들. 이 모든 것들이 종석 형제를 하나님께로 돌아오게 하기 위한 디딤돌이 었다.

생각해 보면 하나님께서 종석 형제가 퇴사해서 세례를 받기 훨씬 전부터 공동체를 통해 서서히 빌드업(Build-up) 해 나가고 계셨던 것이다. 교회와 종교에 대해 그토록 빗장을 걸어 잠궜던 종석 형제조차 공동체의 사랑으로 무장 해제되는 것은 어쩔 수 없었다.

한 사람이 그리스도께 돌아오는 과정은 항상 이런 식이다. 한 사람의 프로 복음 전도자에 의해 사람이 변화되지 않는다. 그 사람의 굳은 마음을 기경하기 위해 많고 많은 사람들의 삽질이 필요하다. 즉 복음을 위해 함께 수고하고 사랑의 씨앗을 뿌리는 공동체가 없으면 불가능한 일이다.

예수님을 전하고 싶은 사람은 많지만, 자기 교회에 데리고 오는 것을 꺼리는 사람이 꽤 많다는 사실은 서글프다. 복음은 좋은데, 공동체가 복음을 살아 내고 있지 않으면, 때로는 공동체가 복음의 걸림돌이 될 수도 있다는 사실을 명심해야 한다. 많은 사람들이 탁월한 전도자로 말미암아 복음이 전해질 거라고 생각하지만, 복음을 누리고 복음으로 살아가는 공동체가 복음 전도에 절대적이라는 사실을 잊어서는 안 된다. 비신자는 성경을 읽지 않는다. 아니, 읽을 생각도 없고, 읽더라도 내용을 제대로 이해하기 쉽지 않다. 다만 그들이 읽고 보는 성경은, 성경대로 살아가는 교회 공동체뿐이다.

종석 형제가 우리 교회에 처음 온 날, 유아 세례식이 있었다. 그날 세례를 받는 아기들을 향한 우리 성도들의 축하 편지와 기도를 들으면서 종석 형제가 아내에게 툭 하고 내뱉었던 그 한마디가 아직도 내 뇌리에 박혀 잊히질 않는다.

"왜 자기 집 아이들도 아니면서, 자기들이 다른 집 아이를 같이 키우겠다고 그래?"

그게 교회다. 하나님의 가족인 교회. 영이신 하나님은 육신의 눈으로 볼 수 없지만, 부족한 우리들의 사랑 속에 당신을 드러내신다. 종석 형제는 성도들이 사랑하며 살아가는 모습 속에서 주님의 뒷모습을 얼핏 본 듯했다. 그렇게 교회로 살아가는 우리를 통해 종석 형제도 이제 우리의 가족이 되었다. 감사하게도 이제는 종석 형제가 우리 교회 아이들을 자기 자식처럼 키우고 있다. 함께 지내는 동안 서로에게 물들었다. 이제는 다른 사람이 종석 형제를 보면서 아마도 이렇게 말을 할 것이다.

"왜 자기 집 아이도 아니면서, 자기가 그 집 아이를 같이 키우고 있어?"

# Story 13.
## 땅의 아버지, 하늘 아버지

    종석 형제가 세례 교육을 마치는 날이었다. 평소 때와 같이 종석 형제의 집으로 갔다. 종석 형제가 웃으며 나에게 카톡을 하나 보여 줬다. 내가 도착하기 한 시간 전, 의정부에 사시는 종석 형제 아버지께 온 메시지였다. 두 개의 메시지였는데, 하나는 "왜 성경을 알아봐야 합니까?"라는 제목의 여호와의 증인에서 제작한 유튜브 영상이었다. 그 메시지에 종석 형제는 이렇게 답장을 보냈다.

> 아버지, 저 성경 공부하고 있습니다. 인생의 여정을 같이 걸어갈 건강한 공동체 생활을 하고 있으니 걱정 않으셔도 돼요.

    아들의 예상치 못한 답장을 받고, 아버지는 이제껏 아들의 인생을 고통스럽게 한 것에 대한 뉘우침과 후회의 마음을 담아 사과 메시지를 보내셨다.

내 사랑하는 아들아, 내가 정말 미안하구나. 너도 사십 대 가장이니
여러 가지로 어려움이 있을 거야. 잘 지내고 있다니 걱정은 하지 않으
마. 잘 지내거라 아들아.

부자지간에 주고받은 메시지 중 무엇보다 내 가슴을 뛰게 만든
것은 종석 형제의 마지막 답장이었다. 오랫동안 자신과 동생, 그리
고 무엇보다 어머니를 그렇게 고통스럽게 만든 아버지에 대한 원망
과 저주가 복수심으로 작동될 법도 한데, 형제의 마음속에 어떤 변
화가 있었는지 형제는 아버지에 대한 용서, 그리고 더 나아가 자신
의 인생과 미래를 인도해 주실 하나님에 대한 신뢰의 고백을 담아
메시지를 보냈다. 나는 종석 형제의 아름다운 고백에 충격을 받지
않을 수가 없었다.

미안해 않으셔도 돼요. 이미 지난 날이고, 부모님의 인생이셨으니 제
가 탓할 일은 아닙니다. 살면서 여러 모로 어려움은 있겠지만, 주님을
의지하면 걱정이 없을 거 같습니다. 항상 건강 잘 챙기시고요.

마태복음 6장 26절.
공중의 새를 보아라. 씨를 뿌리지 않고 거두지도 않고 곳간에 모여들
지도 않으나 너희의 하늘 아버지께서 그들을 먹이신다.

메시지의 말미에 형제가 당시 통독하던 말씀 중, 은혜 받은 말씀

을 첨부했다. 부자지간의 카톡을 보면서 하나님의 위로가 느껴졌다. 목사병일 수도 있겠지만, 부자지간의 카톡 내용은 묘하게 수미쌍관을 이루고 있었다.

여호와의 증인 아버지가 보낸 〈성경 관련 영상〉과
예수의 주 되심을 따르기로 한 아들이 보낸 〈마태복음 6장의 성경 말씀〉

아들이 홀로 힘겨운 삶을 살고 있을 거라 생각하며
아들의 인생을 걱정하는 아버지와
하늘 가족 공동체를 만나 홀로 살고 있지 않으니 더 이상 걱정하지 말라는 아들

아들의 삶을 걱정하며 보낸 〈땅의 아버지〉의 문자에
자신의 삶은 〈하늘 아버지〉께서 먹이고 채우신다는 종석 형제의 공적 선언.

부자지간의 대화가 마치 하나님과 사람 앞에서 하나님의 아버지 되심, 예수의 주 되심을 고백하는 서약식처럼 느껴졌다. 세례 교육 마지막 날, 그것도 하필이면 예수님을 자기 인생의 구주로 영접하는 바로 그날, 뭔가 하나님께서 나와 종석 형제에게 주시는 헤븐 코미디 같다는 생각이 들었다. 우리 하나님께는 유머도 은혜롭다. 역시 'made in heaven'이다!

# PART 5

# 교회가 작다고
# 사랑이 작진 않아

# Story 1.
## 목사 사용 설명서

교회를 개척하고 성도들을 만나면서 소위 '심방'이라는 용어를 사용하지 않았다. 아내의 표현에 따르면, 성도들과 연락하며 지내는 것이 숨 쉬는 일처럼 일상이었기 때문이다. 특별한 일이 있어서라기보다 그냥 목소리가 듣고 싶었고, 모든 성도와 통화를 해도 그리 많은 시간이 걸리지 않았기 때문이다.

규모 있는 교회의 부교역자는 늘 바쁘다. 나도 그랬다. 그래서 부교역자로 사역할 당시 성도들과 자주 연락하고 싶어도 하기 어려웠다. 그것은 늘 성도들을 향한 미안함으로 작용했다. 하지만 개척하니까 성도들이 많지 않았다. 성도들 모두에게 연락해도 하루나 이틀이면 충분했다. 그러니 한 주에 두세 번도 연락할 수 있었고, 그렇게 자주 연락하다 보니 성도들과의 관계도 더 깊어지게 되었다.

성도들과의 추억이 하나둘 쌓이기 시작하면서, 성도들과 함께했던 일들을 목록화해 보았다. 그리고 그것을 '목사 사용 설명서'라고 이름 붙였다.

<은동교 목사 사용 설명서>

1. 배 고프거나 커피 땡길 때 언제든 전화합니다.

2. 애들 맡기고 부부가 데이트하고 싶을 때 전화합니다.

3. 이단이 접근해 이단 옆 차기 하고 싶을 때 전화합니다.

4. 이사할 때 전화합니다.

5. 부모님이나 아이들에게 문제가 생기면 전화합니다.

6. 당구장에서 짜장면 먹고 싶을 때 전화합니다.

7. 등산 가서 정상에서 컵라면 먹고 싶을 때 전화합니다.

8. 말씀이 땡기고 예배가 고플 때 전화합니다.

9. 복음을 전하려고 이웃을 만나러 가기 전에 전화합니다.

10. 마음이 슬프거나 괴로워서 말동무가 필요할 때 전화합니다.

실상 이 10가지는 특별할 게 없다. 이제껏 성도들과 함께해 왔던 우리들의 평범한 일상들이었다. 하지만 '목사 사용 설명서'라는 이름으로 목록을 정리하고 보니 왠지 특별해 보였고, 괜히 있어 보였다. 성도들은 그 후 사용 설명서대로 나를 마구마구 사용하기 시작했다. 가끔 버겁거나 힘들 때도 있었지만, 목사직이란 하나님의 소모품이라는 선배 목회자의 말을 가슴에 새기며 성도들과 은혜의동산교회만의 사랑의 이야기를 채워 가기 시작했다.

# Story 2.
## 목사님, 저 고등학교에 가고 싶어요

2021년 3월 1일, 춘기 엄마에게 전화가 왔다.

"목사님······."

수화기 건너편에서 들리는 떨리는 목소리에 불길한 예감이 들었다. 무슨 일일까?

"무슨 일인가요? 춘기 어머님"
"제 옆으로 고등학교 아이들이 교복을 입고 지나가는데, 괜히 눈물이 나네요. 그래도 비가 와서 우산에다가 얼굴에는 마스크를 쓰고 있어서 다행이에요. 아니었으면 사람들이 비 오는 날 웬 아줌마가 우냐고 했을 텐데…."

춘기는 그 전해 중3 때 학교 다니기를 포기했다. 코로나 덕분에 학교에 가지 않고 줌(Zoom)만 켜 놓을 수 있어서 다행히 중학교 졸업을 하긴 했지만, 결국 춘기는 고등학교 진학을 포기했다. 그래서 춘기 어머님은 거리를 걷다가 길에서 고등학교로 진학한 아들 친구들과 학교마다 붙어 있는 입학 환영 현수막을 보며 자기도 모르게 눈물이 왈칵 나온 것이다. 그리고 그 마음을 주체할 수 없어 기도해 달라고 내게 전화하신 것이었다. 마스크도 쓰고 있었고, 비도 와서 우산을 쓰고 걷느라 다른 사람에게 자신의 우는 모습을 들키지 않아 다행이라는 성도님의 고백을 들으며 내 눈에도 비가 내렸다.

몇 달 후였다. 춘기 어머님에게 전화가 왔다.

"목사님, 목사님! 우리 춘기가 갑자기 고등학교에 가고 싶대요. 혹시 목사님이 도와줄 수 있으세요?"
"그걸 말이라고 합니까? 당연하지요! 지금 춘기 어디 있습니까?"

이게 꿈인가, 생시인가! 고등학교 진학을 포기한 후 온종일 집에서 게임만 하며 부모 속을 시커멓게 태웠던 춘기에게 무슨 심경의 변화가 있었던 것일까?

춘기 엄마는 나와의 통화 후에 놀라고 흥분한 마음을 티 내지 않으려 아이 앞에서 괜찮은 듯, 애써 침착하게 한마디 던졌다고 했다.

"그럼, 목사님이 도와주실 테니까, 목사님께 한번 부탁해 봐."

엄마의 말에 춘기는 즉시 나에게 전화를 했다.

"목사님, 저 춘기인데요. 제가 내년에 고등학교에 가고 싶은데, 혹시 저 좀 도와줄 수 있으세요?"

춘기의 전화를 받자마자 무조건 알겠다고 했다. 물론 아이가 원하는 고등학교에 보낼 수 있는 실제적인 능력은 없지만, 춘기가 갈수 있는 고등학교를 알아보는 것, 그리고 그 학교에 가려면 적어도 무엇이 필요한지를 같이 알아봐 줄 수는 있지 않겠는가?

춘기와 약속 시간을 정해서 노트북을 들고 집 근처 카페에서 만났다. 카페에 앉아서 대전에 있는 모든 고등학교를 검색하고 탐색했다. 각 학교 홈페이지마다 들어가서 입학 정보를 살폈다. 그랬더니 춘기가 원하는 고등학교를 몇 개 추릴 수 있었다. 마지막으로 중3 때 담임 선생님께 전화를 드렸다.

"OOO 선생님, 저는 춘기가 다니는 교회 김종원 목사라고 합니다. 춘기가 고등학교에 진학하고 싶어 해서 제가 학교 정보를 같이 알아봐 주는 중입니다. 고등학교 진학을 위해 어떤 서류들이 필요한지 알 수 있을까요? 그리고 춘기가 원하는 고등학교에 춘기의 중학교 출석률과 성적으로 가능성이 있는지 좀 확인해 주시면 감사하겠습니다."

자신의 진로와 인생에 대해 누군가로부터 이런 구체적이고 실제적인 도움을 받은 게 부모님 외에 처음이라서 그런지 춘기는 그날 이후로 나에게 마음을 활짝 열었다. 카톡에서 읽씹(읽고 씹기)은 있을 수 없는 일이었다. 당구장 데이트 횟수도 이전보다 늘었다. 게다가 같이 계룡산 정상에 올라가서 라면을 끓여 먹는 아름다운 동행이 펼쳐지기도 했다.

고등학교 진학이라는 핑계로 만나 온 두 달 정도의 시간이 지났을까? 무더운 여름 어느 날, 춘기는 진지한 표정으로 물었다.

"목사님, 저 공부하고 싶은데, 혹시 도와줄 수 있으세요?"
"뭐? 공부? 무슨 공부?"
"아무래도 수학을 조금이라도 공부해 놔야 고등학교 적응하는 데에 도움이 될 것 같아서요."

두 달간의 만남을 통해 아이의 마음이 1cm씩 움직이기 시작했나 보다. 우리는 그날부터 수학 공부를 위해 2주에 한 번씩 스터디 카페에서 만나기로 했다. 나는 그날, 서점으로 달려가서 수학 문제집 중 중학생들이 가장 많이 보는 것으로 두 권을 구매했다. 그리고 유튜브를 보며 중1 수학부터 다시 공부했다. 중학교 수학 책을 안 본 지 20년이 넘었지만, 그러면 어떤가? 춘기의 마음을 얻기 위해서라면 잠을 덜 자고서라도 공부할 수 있었다. 그 후 우리의 스카(스터디 카페) 데이트는 고등학교 입학 원서 접수일까지 3개월간 지속됐다.

고등학교 진로를 위한 상담에서 당구장 만남으로. 당구장 만남에서 스터디 카페 만남으로. 이것을 기적이라고 하지 않으면 뭐라고 설명할 수 있을까? 중1 때부터 포기한 공부를 3년이 지나서 다시 시작해 보겠다고 마음먹은 춘기가 SOS를 요청한 그날, 나는 심장이 터질 것 같았다.

교회를 개척하면서 청소년들을 향해 가지고 있었던 꿈이 있었다. 공포자(공부를 포기한 사람들)를 위한 공동체였다. 예수님은 수고하고 무거운 짐 진 자들을 부르셨다. 청소년들의 인생에 아이들을 가장 수고롭게 하는 무거운 짐은 학업과 진로라고 생각했다. 나는 그런 아이들에게 참된 안식과 쉼을 줄 수 있는 예수님을 소개하고 싶었다. 예수님은 눈에 보이지 않으니, 눈에 보이는 교회 공동체가 아이들에게 예수님의 품이 되어 주면 좋겠다고 생각했다.

한 번의 만남이 쌓이고 쌓여 당구장 만남이 되었고, 당구장 만남이 쌓여 스카 만남이 되었듯이, 스카 만남이 쌓이면 어느덧 청소년 교회가 되어 있지 않을까? 그리고 그 공동체는 공포자들도 언제나 올 수 있는 공동체, 공포자들이 와도 아무렇지 않은 공동체가 아닐까? 그들이 복음을 통해 자신을 지으신 창조주의 목적을 발견하고, 그 목적을 따라 공부함으로 각자 보냄받은 자리에서 자신의 몫을 감당하며 가장 자기다움을 발현하는 그런 영광스러운 모습을 상상해 본다. 춘기와 함께 그 꿈을 떠올리며 오늘도 내가 할 수 있는 벽돌 한 장을 쌓아 올려 본다.

# Story 3.
## 단 한 명과의 1박 2일 수련회

안도현 시인의 「연탄 한 장」[7]이라는 시가 있다. 안도현 시인은 그 시에서 "진정한 삶이란, 누군가에게 기꺼이 연탄 한 장이 되는 것"이라고 노래한다. 연탄은 제 몸에 불을 붙여 누군가를 배 불리는 밥과 국물을 만들어 주고, 그 남은 불씨로 이웃의 얼어붙은 몸을 녹여 주기도 하고, 마지막 남은 재로 고구마와 감자를 품고 익히며 자신을 소멸시킨다. 얼마나 귀하고 복된 연탄인가?! 그래서인지 시인은 한 덩이 재로 쓸쓸하게 남는 게 두려워 누군가에게 연탄 한 장 되지 못한 자신의 삶을 반추하며 부끄러워한다.

나는 이 시의 마지막 연에 나오는 "생각하면 / 삶이란 / 나를 산산이 으깨는 일"라는 시인의 고백을 되새김질하면서, 청년 예수의 삶을 떠올리지 않을 수 없었다. 한 덩이 재로 쓸쓸하게 남기를 두려

---

**7** 안도현, 「외롭고 높고 쓸쓸한」 (파주: 문학동네, 1994), 12-13.

워하지 않으신 연탄 같은 예수님, 자기 몸에 불을 붙여 타인의 삶이 맛깔나도록 하염없이 뜨거워지신 연탄 같은 예수님, 마지막 호흡까지도 자신을 산산이 으깨어 우리를 구원해 내신 연탄 같은 예수님을 말이다.

춘기를 만나면서 연탄 한 장같이 자기 삶을 내어 주신 예수님을 흉내 내고 싶었다. 스카에서의 만남이 이어지면서 어느 순간 춘기가 조금씩 답답해하는 것을 느꼈다. 너무나도 당연한 일이었다. 제아무리 공부를 좋아하는 아이라 할지라도 새로운 활력을 위해서는 재충전의 시간이 필요하지 않은가? 하물며 공부를 그렇게 오랫동안 포기했던 춘기야 두말할 나위 없었다. 그래서 춘기랑 공부하다 말고 깜짝 제안을 했다.

"너, 나랑 1박 2일로 부산에 여행 갈래?"

일명 '단 한 사람을 위한 1박 2일 수련회' 프로젝트였다. 은혜의 동산교회 유일한 고등학생인 춘기를 데리고 1박 2일 수련회를 가장한 일대일 데이트였다. 갑작스런 제안이었지만, 성공이었다. 말을 듣자마자 아이의 얼굴에 생기가 돌았다.

나는 춘기에게 돈은 다 댈 테니 원하는 대로 1박 2일의 모든 계획을 세워 보라고 했다. 단, 여행 장소와 숙소, 그리고 가고 오는 기차표 예매를 제외하고 말이다. 이제껏 늘 수동적이던 아이가 여행 가기 하루 전날 장문의 카톡을 보냈다. 카톡에는 1박 2일 일정이 빽빽하게 기록되어 있었다. 부산에서의 동선, 이동 시간, 밥 먹을 식당, 식사 시간까지. 그날 알았다. 춘기의 MBTI는 ISTJ(내향적, 사고형, 꼼꼼하고 치밀한 계획형)였다. 그러니 자기 생애 처음으로 스스로 짜는 1박 2일 계획을 얼마나 꼼꼼하고 세부적으로 했겠는가? 나도, 춘기 부모님도 춘기가 이렇게 집중해서 노력할지 몰랐다. 춘기가 어떤 일에 이렇게 집중할 수 있다는 것에 놀랐다.

1박 2일의 부산 여행을 생각하면서 춘기는 얼마나 설레고 떨렸는지 한숨도 못 자고 대전역으로 나왔다고 했다. 기차를 타자마자 처음에는 축구 동영상을 한 편 보더니 결국 졸음을 못 이기고 곯아떨어졌다. 춘기의 자는 모습을 보며, 누군가의 삶에 잠 못 이룰 정도로 설레고 떨림을 선물한 게 나에게도 얼마 만이었는지 생각해 보니 행복한 마음이 차오르기 시작했다.

출발 전날 대전에는 하늘에 구멍이 난 것처럼 비가 퍼부어 댔는데, 대전을 조금 벗어나니 언제 그랬냐는 듯 먹구름 낀 하늘이 펼쳐졌다. 마치 우리 두 사람의 여행이 너무 더워서 힘들지 말라고, 하늘 아버지께서 우리 두 사람의 여정에 적당한 시원함으로 응원해 주시는 것 같았다. 여행하는 내내 나에게도, 춘기에게도, 인생의 힘겨운 시간마다 꺼내 들여다볼 수 있는 따뜻한 추억의 액자 하나가 가슴속에 걸리게 되길 기도하며 우리의 여행은 아름답게 마무리되었다.

# Story 4.
# 교회가 작다고 사랑이 작을 수는 없다

성도가 적은 개척 교회 최고의 장점은 목회자와 성도 사이의 가까운 거리이다. 그런데 사람과 사람 사이의 가까운 거리는 양날의 검과 같아서 자칫 잘못하면 지나친 간섭이 될 수도 있고, 또 보지 않으면 좋았을 것을 보게 되는 독이 되기도 한다. 반대로 사람 사이의 근거리는 언제든 사랑이 닿을 수 있는 약이 되기도 한다. 나는 이 가까운 거리를 우리 교회에는 나오지 않는 성도의 가족까지도 사랑할 수 있는 사랑의 기회로 사용하기 위해 최선을 다했다.

2021년 9월 10일은 은혜의동산교회 성도의 어머니가 유방암 수술을 받은 지 1년이 되는 날이었다. 그날 성도의 어머님은 20차례 방사선 치료를 마치며 의사로부터 최종 완치 판정을 받으셨다. 이런 중요한 날을 어찌 그냥 지나칠 수 있단 말인가?

우리 교회에는 목숨같이 여기는 구호가 있다.

'절대로, 절대로, 절대로, 사랑할 기회를 놓치지 마라!'

성도 어머님의 방사선 치료 마지막 날은 절대로, 절대로, 절대로 놓쳐선 안 될 사랑의 기회였다. 그래서 마지막 치료 기념으로 그 가족에게 점심 식사를 대접했다. 식사를 마치고 대전 근교에 있는 대청호로 드라이브를 갔다. 식사와 드라이브를 하는 내내 성도의 어머님 얼굴에는 미소가 끊이질 않았다. 그 모습을 보는 딸들에게도, 내 마음에도 행복이 사그라지지 않았다. 천국은 멀리 있지 않았다. 점심 식사하는 식당이, 드라이브하는 차 안이 곧 천국이었다.

다른 교회에 잘 다니고 계신 어머님을 우리 교회에 데리고 오려고 하는 행동이 아니다. 우리는 그저 예수의 피로 맺어진 하나님의 가족 됨을 이런 사랑의 교제를 통해 함께 누릴 뿐이다. 예배당에 오는 사람만 내 성도라고 생각하는 개교회주의만 버리면, 온 세상이 사랑의 교구로 변할 수 있다. 이렇게 우리는 성령 안에서 함께 연결되고 지어져 간다.

'교회가 작다고 결코 사랑도 작아서는 안 된다.'

# Story 5.
## 5분 면회하러 익산까지

코로나가 여전히 기승을 부리던 때였다. 전화가 왔다.

"목사님, 수요일에 시간 되세요?"

"그럼요. 무슨 일이세요?"

"아, 익산에 계신 어머니 면회 같이 가실래요?"

"콜!"

익산으로 내려가는 길, 어머니와 형제님의 어린 시절 추억들을 나누다 보니 어느덧 어머님이 계신 익산의 한 요양원에 도착했다. 면회 신청서를 작성하고 20분가량 기다리고 있으니 어머님께서 예쁘게 꽃단장을 하고 내려오셨다.

"목사님, 같이 와 줘서 고마워요."

"와도 된다고 허락해 주셔서 제가 더 감사하죠."

"목사님, 제가 요즘 아파요. 지금도 속이 안 좋아서 토하다가 왔어요."

"에고, 앞으로도 아프시면요, 옆에 있는 요양사분들께 소리치세요.
나 아파 죽겠다고요."

코로나 탓에 유리문을 사이에 두고 아들과 전화로 면회할 수밖에 없는 어머님의 눈시울이 어느덧 붉어졌고 눈에는 눈물이 그렁그렁했다.

면회 시간은 단 5분. 이야기도 제대로 못 나눴지만 헤어져야 하는 아쉬움을 뒤로한 채 나오려는데, 어머님이 꼬깃꼬깃한 봉투 하나를 호주머니에서 꺼내셨다.

"아들, 목사님이랑 맛있는 거 사 먹어."

"응, 알겠어, 엄마. 목사님께 꼭 맛있는 거 사 드릴게."

오늘 과연 밥이 넘어갈까? 목사의 영광이란 이런 걸까? 오늘도 먹먹한 가슴을 움켜쥔 채 다음 목적지로 향한다.

# Story 6.

# 목사님, 저 담배 한 대만 피우고 와도 되겠습니까?

이제 막 돌이 지난 아들을 둔 신혼부부의 삶에 위기가 찾아왔다. 남편은 한 달이 넘게 집에 들어가지를 않았다. 아내는 일과 육아를 병행하며 감정이 폭발하기 일보 직전이었다. 이 과정에서 애꿎은 양가 부모님과 두 살 된 아기가 몸살을 앓고 있었다.

교회에서 잠시 남편의 어머님을 뵀다. 아들 이야기를 하시며 2시간 동안 울다가 가셨다. 실제적으로 도와줄 수 있는 게 없어서 같이 울고 또 울었다. 그 후로 아내 어머님과 통화를 했다. 통화 내내 자식들 문제로 역정을 내셨다. 들어 드리는 것 외에 할 수 있는 일이 없어서 한참을 듣기만 했다. 전화를 끊고 한참 속앓이를 했다.

자매에게 전화를 했다. 남편과 이혼하겠다는 생각 외에 다른 길을 생각하지 못하는 자매 때문에 속상하기만 했다. 목회자인 나의 말도 자매를 위로하기는커녕 마음을 1도도 돌이키지 못한다는 사실에 자괴감이 들었다. 마지막으로 형제를 찾아갔다. 같이 점심을 먹는데, 얼굴이 붉으락푸르락이다. 조금만 말을 잘못해도 폭탄이 터질 것만 같았다. 결국 조용히 밥을 먹고 나와서 근처 카페로 향했다. 형제는 30분가량 속에 맺힌 이야기를 속사포처럼 쏟아 놓더니 자리를 박차고 일어섰다.

"목사님, 저 담배 한 대만 피우고 와도 되겠습니까?"

"그럼요. 어디 가지 말고, 여기서 피워요."

"아닙니다. 그래도 어떻게 목사님 앞에서 제가 감히…"

담배 피우러 가는 형제의 뒷모습을 보면서 잠시 기도했다.

'하나님, 형제의 저 시커먼 속이 담배 한 대를 통해 담배 연기와 같이 사라질 수만 있다면 사라지게 해 주십시오. 하나님, 형제의 눈을 열어 주셔서 담배 연기가 형제에게 하나님의 임재의 구름처럼 보이게 해 주십시오. 그래서 그의 근심과 염려보다 하나님께서 더 가까이 계심을 알게 해 주십시오.'

목사가 이렇게 기도해도 되는지는 잘 모르겠다. 미국의 신학자 스탠리 하우어워스는 "신앙이란 답을 모른 채 계속 나아가는 법을 배우는 일"[8]이라고 하지 않았는가? 목사도 가끔 길을 잃을 때가 있

8   스탠리 하우어워스, 『한나의 아이』, 홍종락 역 (서울: IVP, 2016), 375.

다. 신학교와 책상에서 배운 것들이 무용지물처럼 느껴질 때가 있다. 그때는 그냥 입에서 나오는 대로 비명을 지를 뿐이다. 오직 한 가지만 필요하다. 하나님의 불쌍히 여기심. 하나님은 무능한 종의 무능한 기도를 불쌍히 여기셨다. 그 후 부부가 회복되었고, 둘째를 출산했고, 건강한 가정을 이루어 살고 있다. 양가 부모님 모두가 제자리를 찾았다.

'앞으로도 목회의 여정에 이런 일이 비일비재하겠지? 그때도 나는 답을 모른 채 계속 나아가겠지? 오직 한 가지만을 구하며…. 하나님의 불쌍히 여기심?'

# Story 7.
## 간신히 계신 하나님

 아내는 15년째 대학 내에 있는 한국어 교육원에서 한국어 강사로 일하고 있다. 2021년 3월 미얀마 국민들이 군부 독재에 맞서 민주화 항쟁을 하던 어느 날 아침, 미얀마 학생에게서 아내에게 연락이 왔다. 친구는 총에 맞아 죽었고, 부모님은 연락이 안 된단다. 펑펑 우는 학생을 달래며 아침부터 아내의 눈시울이 붉어졌다. 인생을 살다 보면 '주님은 어디 계신가? 정말 우리와 함께하시기나 한 걸까?'라는 질문이 자주 든다.

 사무엘 박(Samuel Bak)은 폴란드계 유대인으로서 홀로코스트에서 살아남은 후 자신이 겪은 전쟁 트라우마를 극복하기 위해 미켈란젤로의 「아담의 창조」를 패러디해서 그림을 그렸다. 시스티나 성당의 권위 있고 힘이 넘치는 창조주와 근육질의 아담이 아니라 스산한 전쟁 폐허 속에서 삭발에 수인복을 입고 넋을 잃은 채 몸을 뒤로 젖히고 있는 삐쩍 마른 남자를 아담으로, 포탄에 맞아 뻥 뚫린 벽을 하나님으로 묘사했다. 어디에나 계신 무소 부재하신 하나님을 뻥 뚫린 벽처럼 없는 존재로 그리다니, 다소 도발적이다. 게다가 하나님을 무에서 유를 창조할 수 있는 전능자의 모습과는 정반대로 자기 손 하나 제힘으로 가누지 못해 벽의 줄에 겨우 의지하고 있는 있는 무능자로 그리고 있다.

사무엘 박은 이 그림을 통해 하나님을 '없이 계신 하나님', '간신히 계신 하나님'으로 소개한다. 하지만 그림을 자세히 보면, 포로가 되어 누워 있는 남성은 벽의 줄에 간신히 걸려 있는 연약한 손의 존재를 향하여 손을 뻗으므로 무너진 세계를 다시 일으켜 보려는 소망을 잃지 않고 있다.

성서에서 '하나님의 형상'이란 이집트와 바벨론에서 나라와 주권을 상실한 상태에서도 서로가 서로에게 설 땅을 제공해 주는 존재였듯이, 사무엘 박은 하나님의 형상인 아담을, 자신이 설 땅을 잃어버린 자들을 향해 손을 놓지 않는 사람으로 묘사했는지도 모르겠다. 그렇다면 하나님의 형상으로 부름을 받은 교회 공동체의 사명은 자명해진다. 바로 인생의 터가 흔들려 설 자리를 잃어버린 자들의 손을 놓지 않고, 그들과 함께 더불어 살아가는 사람들이 바로 교회 공동체여야 한다.

# Story 8.

## 피투성이라도 살아 있으라!

2021년 3월 1일, 고요한 삼일절 공휴일. 모처럼 가족들과 좋은 시간을 보내려고 하는데, 다른 지역에 사는 성도로부터 전화가 왔다.

"목사님, 오늘 저 혼자 대전에 가려고 하는데, 저 좀 만나 줄 수 있으세요?"

공휴일에도 무턱대고 보자고 하는 성도의 연락이 그리 유쾌하지만은 않았지만, 애써 아무렇지 않은 듯 대답했다.

"어, 괜찮아. 내가 대전역으로 데리러 갈게."
"네, 감사해요."
"그런데 아이들은 어떻게 하고 너 혼자 오니?"
"아이들은 이모 집에 맡기고 몰래 다녀오려고요."
"그래, 알겠어"

갑작스런 여 성도의 만남 요청이었기에 아내도 동행했다. 대전역에서 자매를 태워 가까운 카페로 이동했다.

> "아이들까지 이모 집에 맡기고 대전에 올 정도면, 무슨 큰일이라도
> 있는 거야?"
> "네, 목사님. 사실은…"

그렇게 시작된 대화는 3시간 넘게 이어졌다. 욥의 고통 앞에 한마디도 못 하고 앉아 있기만 했던 세 친구처럼 아내와 나는 자매의 고통에 어떤 말도 할 수 없었다. 우리 교회를 만나기 2년 전부터 시작된 남편의 부채가 가정의 재정뿐 아니라 주변의 인간관계까지 모두 앗아가 버렸기 때문이다. 자고 일어나면 사라지는 집안 귀중품들, 쥐도 새도 모르게 0원이 찍혀 있는 아이들 적금 통장, 아내가 잘 때 몰래 핸드폰 비밀번호를 풀어 소액 대출과 결제까지 서슴지 않는 남편의 도발적 행동과 선을 넘는 거짓말 등은 자매를 너무 고통스럽게 만들고 있었다. 자매는 공황 장애와 두통, 복통을 겪고 있었다. 그런데 그것만이 아니었다. 마지막 남은 전세 보증금마저 사라졌다. 사채업자들에게 자비란 없었다. 잔인했다. 마지막 남은 삶의 터전마저 화염처럼 휩쓸고 지나갔다. 자매는 벼랑 끝에 서 있었다. 결국 고민 끝에 나에게 전화를 하고 찾아왔다. 살고 싶어서.

"안 되겠다. 다음 주에 제주도에 좀 다녀와."

"네?"

"너 거기 계속 있다가는 죽을 수도 있을 것 같아."

"좋긴 한데, 아이들은 어떡하죠?"

"아이들은 이모한테 한 번만 더 부탁해 봐."

"여행 경비는요? 저 돈 없는 거 아시잖아요."

"경비는 내가 줄 테니까 걱정하지 말고."

"저 한 번도 혼자 여행해 본 적이 없어요. 혼자 제주도에 가기 좀 무서워요."

자매는 순간 아내를 힐끗 쳐다봤다.

"자기가 같이 다녀올래요?"

"나 대신 수업해 줄 수 있는 선생님이 계신지 한번 확인해 보고 결정할게요."

자매는 아내의 말에 드디어 마음을 놓았다. 자매를 기차역에 데려다주고 돌아오는 길, 아내는 나에게 물었다.

"제주도 여행은 무슨 돈으로 보내 주려고?"

"이전 교회 사임할 때 받은 퇴직금 써야지!"

"……."

"나도 잘 모르겠어. 일단 성도부터 살리고 봅시다."

집에 도착한 자매는 잘 도착했다고, 오늘 정말 감사했다고 연락을 했다. 나는 자매와 자매의 가정을 위해 기도하며 떠오른 말씀을 답장으로 보내줬다.

내가 네 곁으로 지나갈 때에 네가 피투성이가 되어 발짓하는 것을 보고 네게 이르기를 너는 피투성이라도 살아 있으라 다시 이르기를 너는 피투성이라도 살아 있으라 _겔 16:6

# Story 9.
## 예배, 하나님께 내 몸 묶기

제주도에 다녀오면 지금보다 좋아질 거라는 생각은 너무 단순했다. 사채 빚은 상상 이상으로 무서웠다. 처음에는 개인의 생각과 감정, 하루 일과를 갉아먹더니 점차적으로 건강, 관계, 가정, 생명까지 모조리 앗아가 버릴 만큼 파괴적이었다. 형제의 월급날이 되면, 닥터 피시 몰려오듯 사채업자들이 달려들어 통장 잔고를 먹어 치웠다. 다행히 월세와 아이들 유치원비 정도는 모아 놓은 달에는 간신히 그달을 버틸 수 있었다. 하지만 기쁨도 잠시, 자매가 몰랐던 또 다른 대부업체의 연락을 받으면, 겨우 붙들어 매고 있었던 멘탈이 탈탈 털려 부부 관계도, 일상도 무너져 내리기 일쑤였다.

이런 어려움 중에도 자매는 제자 훈련을 신청했다. 살기 위해서. 제자 훈련 기간 동안 매주 눈물과 한숨, 절망과 탄식이 가득했다. 은혜가 넘칠 때는 힘겨운 현실에도 불구하고 주위의 힘든 성도들, 이웃들을 돌보기도 했고, 현실을 이기게 하는 복음의 능력과 기쁨을 사람들에게 전하는 초월적 은혜를 경험하기도 했다. 하지만 현실의 벽은 너무 높았다. 아무리 은혜가 임해도 고난이 비껴가지는 않았다. 남편과의 잦은 다툼과 남편에 대한 불신으로 불면증에 시달렸다. 잠은 오지 않았고, 생각도 멈추지 않았다. 그러니 불안 지수는 점점 높아졌고, 영혼의 밤은 깊어만 갔다. 자매는 잠 못 이루는 밤이면, 새벽 2시든, 3시든 나에게 문자를 보냈다.

> "목사님, 저 너무 힘들어요. 숨이 안 쉬어져요. 저 이러다 죽을 것 같아요."

성도의 이런 탄식과 절규를 목사가 어찌 외면할 수 있겠는가? 잠은 오지 않고, 생각은 끊어지지 않는다는 자매의 연락에 내 손가락은 이미 통화 버튼을 누르고 있었다. 통화가 시작되자마자 자매는 한두 시간 거침없이 감정을 배설해 냈다. 어느새 자매는 마음이 한결 가벼워졌다며, 한 줌의 희망을 부여잡고 새 아침을 맞이했다.

이러한 삶이 하루 이틀로 끝났다면 얼마나 좋겠는가? 불안하면 자매는 내게 전화를 했고, 자매가 전화를 하지 않으면 내가 불안해졌다. 이러한 삶이 길어지고 반복될수록 내 자신이 점점 피폐해짐을 느꼈다. 아무리 훈련된 라이프 가드(Life guard)라 할지라도 급류에 쓸려 가는 사람을 살리기 위해서는 자기 몸을 튼튼한 기둥에 묶어야 한다. 그래야 나도 살고 떠내려가는 이도 살릴 수 있다. 이 삶을 멈추지 않고 계속해서 자매의 감정 배설을 받기만 하다가는 목회 수명 단축은 물론, 내 인생 수명에도 크게 지장이 있겠다는 생각까지 들었다. 그래서 자매에게 제안했다. 대화는 그만하고, 함께 예배하자고.

그 당시 우리에게는 예배당이 없었다. 게다가 자매는 다른 지역에 살고 있었다. 우리가 할 수 있는 최선은 핸드폰으로 예배하는 것이었다. 자매가 너무 힘들어서 전화를 하면, 이어폰을 꽂거나 폰 스피커를 켜 놓고 함께 예배했다. 나는 기타를 치며 찬양했고, 자매는 기타 연주에 맞춰 찬양을 함께 불렀다. 찬양하다가 기도하고 싶으면 자유롭게 기도했다. 각자 집에서 전화기를 들고 드린 예배였지만, 성령의 임재와 역사는 여느 예배와 동일했다. 아니 그 이상이었다.

우리는 같이 찬양하다가 울고, 기도하다가 울었다. 목사에게 두서없이 감정을 쏟아 놓았을 때와는 비교되지 않는 하나님의 평강과 위로가 자매를 새롭게 하기 시작했다. 예배를 마치고 전화를 끊으면 한 시간 반에서 두 시간이 지나 있었다. 예배할 때마다 대화할 때와는 차원이 다른 치유와 상쾌함을 경험했다. 예배하는 동안 자매도 살아났지만, 나도 살아났다. 다윗의 하프 연주를 통해 악령에 사로잡힌 사울의 정신이 맑아졌듯이 우리는 매번 예배를 통해 인간다움을 회복했고, 다시 살아갈 용기를 얻었다. 가정의 경제적 상황은 여전히 바뀌지 않았지만, 폭력적이고 불안으로 가득했던 엄마가 아니라 조금씩 안정감이 생기고 주변을 돌아볼 여유가 생긴 엄마로 살아갈 수 있게 되었다. 그렇게 우리에게는 이전보다 고난을 이길 수 있는 조금 더 단단한 근육이 생겼다. 바로 예배의 은혜 때문이었다.

# Story 10.
# 주님, 이것이 무슨 일입니까

자매는 예배를 통해 은혜를 맛본 후 주변 사람들에게 우리 교회를 소개하기 시작했다. 하루는 자신이 너무 사랑하는 동생이 있다며, 내가 대신 만나서 복음을 소개해 줄 수 있냐고 부탁했다. Why not?

자매의 부탁을 받고, 지인과 약속을 잡았다. 세 사람이 만나기로 한 날, 아침 일찍 기차를 타고 자매가 사는 곳으로 갔다. 교제도 하고, 점심도 먹고 돌아오기 위해 아침 일찍 움직였다. 그런데 기차역으로 마중 나온 자매를 만나자마자 차 안의 공기가 심상치 않음을 느꼈다. 아니나 다를까, 자매의 얼굴빛이 어두웠다. 순간적으로 직감했다.

'또 무슨 일이 생겼구나!'

역시나 내 촉은 틀림없었다. 남편에게 새로운 문제가 추가로 발생했다. 하지만 어쩔 수 있는가? 자세한 이야기는 지인과 만난 후에 하기로 하고, 소개해 준 지인을 만나러 카페로 갔다. 지인과 한 시간가량 이야기를 나누고 있는데, 자매가 카페로 달려왔다. 갑자기 오열하기 시작했다. 소개받은 자매도 놀랐다. 무슨 일이 일어난 걸까? 무슨 일인지 침착하게 이야기해 달라는 말에 자매가 흐느끼며 말문을 열었다.

> "목사님, 실은 오늘 아침에 남편의 사채 빚이 제가 알던 것보다 훨씬 많다는 것을 알게 됐어요."
>
> "얼마나?"
>
> "모르겠어요. 계속 저한테 거짓말만 해요."
>
> "그래서?"
>
> "도저히 이렇게 살아서 뭐하겠나 싶어서 저도 모르게 화장실에서…"

자매는 홀로 집에서 극단적 선택까지 생각한 것이었다. 대화를 마치자마자 나는 자매를 데리고 아이들이 있는 초등학교와 유치원으로 갔다. 각각 조퇴 신청을 하고 자매와 세 아이를 데리고 대전으로 왔다. 카페에서 교제하던 지인에게는 미안하다고 사과하고 다음을 약속하며 헤어졌다. 대전으로 오는 차 안에서 아이들에게는 목사님 집에 놀러 가는 것처럼 애써 태연하게 행동했지만, 고속도로 위에서의 한 시간 반은 너무나 길게 느껴졌다. 주님께 이것이 무슨 일이냐며 속으로만 열 번도 넘게 소리를 질렀다. 이해되지 않는 현실에 분노가 일어났다. 하지만 아이들을 위해 속으로 울음을 삼켜야만 했다.

우리 집은 그리 좁지도 않지만, 그렇다고 우리 가족 다섯 명과 자매 가족 네 명, 총 아홉 명이 지내기에는 넓지도 않았다. 게다가 코로나가 한창이었기에 4일 동안 나가지도 못하고 오전, 오후, 저녁까지 삼시 세끼를 함께하며 실내에서만 동고동락해야 했다. 4일 내내 집에만 있으니 하루에 한 평씩 작아지는 것처럼 느껴졌다. 나와 아내는 6명의 아이들을 챙기랴, 넋 나간 자매 챙기랴, 문제의 주범인 형제에게 연락해서 대전에 오도록 설득하랴, 하루도 제정신인 날이 없었다.

4일간 9명이 지지고 볶던 대전에서의 마지막 날 밤, 형제는 일을 마치고 대전으로 왔다. 나는 형제에게 대전으로 내려오기 전, 한 가지를 약속하라고 부탁했다. 더는 거짓말하지 않기. 사채를 빌린 대부업체가 정확히 몇 군데인지 목록을 작성해 오기. 이 약속에 응하지 않고서는 나도 더 이상 이 형제를 우리 교회 성도로 받을 수가 없었다. 신뢰가 회복되지 않고서는 그리스도의 몸인 교회로 함께 살아가기 어렵다는 판단에서였다.

감사하게도 대전에 온 그날 밤, 형제는 용기를 내 정직하게 자신의 대출 목록을 모두 적어서 가지고 왔다. 나랑 그 부부는 그 목록을 가지고 새벽 2시가 넘도록 깊은 대화를 나누었다. 감사하게도 그 전 날 밤, 공황 재발 탓에 쏟아 놓았던 나의 절규를 주님께서 들으셨는지, 우리의 진실한 대화를 통해 수원 부부 사이의 거리가 조금은 좁혀졌다.

그 이후에도 책에 담을 수 없는 수많은 일이 있었다. 이혼이라는 아픔을 겪었고, 마지막 보루였던 집 보증금까지 빚을 갚는 데 사용하며 마지막 보금자리마저 떠나야 하는 아픔도 있었다. 하지만 그들은 현재 대전으로 이사 와서 교회로부터 많은 사랑을 받고 있고, 그 사랑으로 다른 성도들을 섬기며 교회를 세우는 일에 본이 되는, 없어서는 안 될 소중한 가정이 되었다.

# Story 11.
## 형제의 간증

    교회의 첫 예배당 공간이 생기고 노회 주관으로 설립 예배를 드리던 날, 형제는 교회를 대표해 노회 목사님들 앞에서 자신의 삶에 일어난 변화를 간증했다. 형제의 간증을 들으며 목사님들도 놀랐고, 무엇보다 이 부부의 삶을 그렇게까지 자세히 알지 못했던 성도들도 놀랐다. 그리고 우리들은 하나님께서 이 가정에 행하신 일들을 통해 깊은 감사와 찬양을 드리게 되었다.

    저는 결혼한 지 9년이 되었습니다. 결혼 생활 중 처음 3년은 남부러울 것 없이 참 행복했던 것 같습니다. 저는 하던 사업을 확장하려고 아내 몰래 큰돈을 대출받았습니다. 그러다가 남은 돈이 있었는데, 그 돈을 사기당하면서 저희 가정에 위기가 찾아왔습니다. 저는 그 돈을 몰래 대출받았기에 어떻게든 날렸던 돈을 메꾸기 위해 다시 또 대출을 받아서 알지도 못하는 어딘가에 또 투자를 하고, 또 날리고 그러면서 주식이든 코인이든 단기간에 돈을 메꾸기 위해 여기저기 투자하기 시작합니다. 그렇게 대출 빚은 커져만 갔고 집에 묶여 있던 보증금까지 모두 날리고 말았습니다. 그런데 그때까지도 아내는 아무것도 모른 채 지내고 있었죠.

아내는 '빚은 갚으면 되는데 그동안 제가 이 빚을 숨기기 위해 했던 많은 거짓말들이 부부 사이의 신뢰를 끊어 놓았다'고 말합니다. 믿었던 사람에게 버림받았다고 생각한 아내는 그렇게 다이어트를 해도 빠지지 않던 살이 10kg 이상 빠지게 됐고, 공황 장애에 마침내 암이 생기기까지 했죠. 아이들은 매일 싸우는 저희 부부를 보면서 눈치를 보다가 소아 우울증이 왔고, 그렇게 저희 가정은 조금씩 망가져 갔습니다.

그런데 이 험난한 시간 동안 저희 가정을 아직도 버리지 않고 함께 해 준 사람들이 있습니다. 김종원 목사님과 사모님, 그리고 은혜의동산교회 식구들입니다. 바뀌지 않을 것 같은 저도 '복음이면, 예수님이면 바뀔 수 있다'고 늘 믿고 응원해 주고 있습니다. 네, 저 같은 사람도 바뀌고 변화될 수 있는 게 복음인 것 같습니다. 저희 가정이 다른 지역에서 매주 이곳에 예배하러 올 수 있었던 이유는 저희 교회에 복음이 있었기 때문입니다. 저희 가정은 매주 살려고 교회에 왔습니다. 대전에라도 와서 힘을 얻지 못하면 매일매일 힘들어서 죽을 것 같았기 때문에 교회에 와서 힘을 얻고 돌아갔습니다.

교회는 그래야 된다고 생각합니다. 세상에 그 누구도 받아 주지 않을 때 그 사람을 품고 함께 힘이 되어 주는 공동체. 그것이 교회이고 공동체인 것 같습니다. 저는 지금까지 35년간 신앙생활을 해 오면서 그런 공동체를 만나지 못했는데, 우리 교회는 저에게 그런 공동체가 되어 주셔서 늘 감사하게 생각하고 있습니다.

아직도 쌓인 빚들은 많지만, 그 빚들로 인해 힘들게 살아가고 있지만, 그래도 잃었던 신뢰를 다시 쌓기 위해 노력하고 있습니다. 지금까지 나로 인해 힘든 시간을 보낸 아내와 자녀들에게 용서를 구합니다. 그리고 다시 한번 신뢰가 회복되어서 모든 관계가 회복되길 진심으로 기도해 봅니다.

# Story 12.
## 돌싱 파티

    우리 교회는 사람이 많지도 않은데, 이혼한 가정이 많은 편이다. 가계 부채에 따른 이혼, 남편의 반복되는 외도에 따른 이혼, 남편의 폭언과 폭력에 따른 이혼, 종교적 신념에 따른 합동 결혼으로부터의 이혼.

    어떤 이유든지 간에 가정의 해체를 겪은 아픔의 흔적은 어느 무엇으로도 지워지지 않고 꼬리표처럼 따라오는 주홍 글씨 같다. 더군다나 부모의 이혼을 겪은 자녀들의 아픔이란 겪어 보지 않은 사람은 결코 헤아릴 수 없을 정도로 크다.

    언론이나 매체에서는 돌싱들의 재혼 프로그램을 통해 주홍 글씨처럼 따라오는 그들의 꼬리표를 잘라 주려고 노력하지만, 방송에서 봐서 알 수 있듯이 현실의 장벽을 뛰어넘어 사랑하는 헌신적이고 희생적인 커플을 만나기란 그리 쉽지 않다. 더군다나 자녀가 있는 돌싱의 경우에는 현실의 벽이 훨씬 더 높다. 그래서 재혼을 하기보다 반복되는 아픔을 겪지 않기 위해 동거나 연애에 머무르는 경우도 많다.

이러한 가정의 깨어짐을 경험한 현대인의 아픔과 상처는 교회에도 존재한다. 이런 깨어진 가정 상황 속에서도 신앙생활을 위해 힘겹게 고군분투하는 성도들이 왕왕 존재한다. 그렇다면 교회는 이런 사람들을 어떻게 맞이해 주면 좋을까? 아니, 맞아 준다고 해서 그들이 먼저 자신의 삶을 안전하게 커밍아웃할 수 있을까? 이 문제는 오늘날의 교회가 깊이 질문하고 고민하며 대안을 제시해야 할 중요한 이슈 중 하나이다.

이 문제를 깊이 고민하다가 한 가지 생각이 떠올랐다. 심방을 가장해서 우리 교회 내 돌싱들을 한자리에 모으기로 했다. 아내도 동행했다. 사람들은 이 모임이 무슨 모임인지 몰랐다. 아무도 눈치채지 못하도록 소고기 파티를 열었다. 그리고 우리는 소고기 먹는 일에 최선을 다했다. 소고기를 다 먹고 티 타임 시간 때, 나는 이 모임의 명칭과 우리가 한 자리에 모인 이유와 목적이 무엇인지를 설명했다. 일명 '돌싱 파티'였다.

나는 이 모임을 통해 이런 메시지를 던지고 싶었다.

'돌싱이어도 괜찮아. 우리 교회는 돌싱이 와도 전혀 문제 없어.'

그래서 선배 돌싱들에게 진심으로 부탁드렸다. 혹시라도 앞으로 우리 교회에 돌싱들이 새로 생기거나 돌싱인 사람이 우리 공동체에 오게 된다면, 우리 교회가 그들을 마음 다해 수용해 주고 응원해 주며 더 나아가 돌싱으로서 잘 살아가는 자신만의 비법을 전수해 주기도 하는 그런 건강한 문화를 만들어 가자고 말이다. 정말 감사하게도 그 자리에 모인 분들이 모두 내 이야기를 기뻐해 주었고, 젊은 돌싱들에게 따뜻한 품이 되어 주겠다고 약속했다. 나는 이런 선배 돌싱들이 우리 교회 성도여서 정말 감사하고 자랑스러웠다. 앞으로도 은혜의동산교회가 돌싱들과 이혼한 부모의 자녀들에게 진정한 가족이 무엇인지를 보여 주는 하늘 가족이 되길 꿈꾸고 소망해 본다.

# Story 13.
## 토닥토닥 크리스마스

    신학대학원 교수님에게 소개받은 형제와 동네 카페에서 만났다. 그때에는 교회 예배당이 따로 없었기 때문이었다. 당시 사회적 거리 두기가 4단계여서 우리는 온라인으로 예배를 드리고 있었다. 그 형제를 온라인으로 만나는 공동체 모임으로 초대하기 전, 나와 일대일로 3개월 정도 교제한 뒤에 우리 교회의 가족이 될지를 선택하면 좋겠다고 말했다. 실은 우리끼리도 그리 친한 것은 아니었고, 개척한 지 3개월도 안 된 서먹한 공동체에 서먹한 사람이 들어와서 더 서먹해졌다가는 교회 전체가 서먹해질 거라는 생각이 들어서였다. 그래서 차라리 나와 일대일로 3개월 정도 교제하면서 충분히 마음이 열린 후 우리 교회가 추구하는 가치가 자신과 맞으면, 그때 교회를 선택해도 전혀 문제가 안 된다고 판단했다. 개척 교회는 사람이 급하다고 해서 무조건 사람을 데리고 오는 것이 교회에 항상 유익한 것은 아니라는 것이 개척 초기 나의 신념이었는데, 4년이 다 되어 가는 지금도 그 신념에는 변함이 없다.

  2020년 12월 12일, 형제와 일대일로 두 번째 만났다. 아직 서로를 전혀 모르는 상태였는데, 형제가 자신의 이야기를 나누다가 갑자기 펑펑 울었다. 덩치도 나보다 1.5배 되는 서른 살의 청년이 말을 잇지 못할 정도로 꺼이꺼이 울었다. 지금 생각해 보면 주위에서 우리 모습을 보고 어떻게 생각했을지 궁금하다. 하지만 그 당시에는 그런 생각을 조금도 하지 않았다. 왜냐하면 나와 만나기 몇 주 전, 형제의 아버지와 어머니가 이혼하셨기 때문이었다. 별거해서 사신 지는 이미 오래되었지만, 법적으로 이혼을 하신 것은 불과 몇 주 전 일이었다.

  가난했던 유년 시절, 부모님의 다툼과 별거, 그리고 이혼을 하기까지 가족 모두가 받았을 상처와 아픔들, 그리고 그 과정에서 한국을 떠나려 이민을 계획했으나 갑작스레 찾아온 공황 장애로 상실된 꿈과 미래. 이 모든 것들이 이제 갓 서른이 된 형제가 감당하기에는 너무 버겁고 무거웠으리라. 그랬던 형제가 일대일 양육이라는 안전한 환경에서 대화를 나눠서 그런지 어느새 마음의 빗장을 해제하고 자기 이야기를 꺼내기 시작했다. 처음에는 덤덤하게 말하더니, 억눌러 왔던 감정이 건드려졌는지 화산이 폭발하듯 오랫동안 잠재되었던 형제의 눈물 수도꼭지가 열려 버렸다.

  형제의 이야기를 한참 듣고 나서 퉁퉁 부은 눈으로 우리는 함께 예배했다. 예배를 마치고 성탄 선물로 준비한 티셔츠를 형제에게 건넸다. 이 추운 겨울날 마음만은 따뜻하게 보내라는 말과 함께. 집에 가서 선물 받은 옷을 입어 본 뒤에 다행히 옷이 잘 어울린다고 연락이 와서 내 마음도 같이 따뜻해졌다.

형제와 성탄절 전에 일대일로 드린 우리의 예배는 부모님께서 이혼하시는 과정에서 찾아온 아버지에 대한 살인 충동, 그리고 어머니에 대한 연민의 감정, 게다가 혹시 자기 때문에 부모님께서 이혼하신 것은 아닌지에 대한 혼자만의 죄책감, 그리고 하나님도 그런 자신을 버리실 수 있다는 분리 불안 등에서 찾아온 지난날의 아픔과 눈물이 기도의 향이 되어 주님께 올려 드린 시간이었다.

형제와 함께 예배하고 돌아오는 날, 깨어진 이 세상을 온전히 회복시키러 오신 성탄의 기쁨이 더 많은 이웃들에게 전해지면 좋겠다고 간절히 기도했다. 미리 크리스마스, 토닥토닥 크리스마스.

# Story 14.
## '기도할게' 말고 '밥 사줄게'

형제와 일대일로 양육하면서 책에 나오는 질문을 던졌다.

"형제는 네 가지 욕구, 즉 즐거움, 인정, 힘, 돈 중에서 어떤 욕구가 충족될 때 제일 행복해요?

"저는 돈이요."

"왜요?"

"저는 고등학교 때까지 아버지 빚 때문에 어쩔 수 없이 산 중턱에 있는 달동네에서 살았어요. 10년 전까지 재래식 화장실을 사용할 만큼 가난했거든요. 그리고 지금도 국가에서 보조 나오는 돈으로 월세 내고 뭐 내고 나면, 남는 게 하나도 없어요."

"ㅠㅠ. 내가 형제 취직할 때까지 밥은 절대 안 굶게 할 테니까, 배고프거나 용돈 필요하면 언제든 이야기해요! 그러려고 하나님께서 은혜의동산교회를 세우신 거니까요."

"ㄲㄲ. 네… 감사해요, 목사님."

밥 먹는 횟수가 늘어날수록 우리의 대화도, 관계도 깊어져 갔다.

교회는 가족이면서 식구다. 그래서 은혜의동산교회 2021년 교회 표어는 '밥맛이 끝내 주는 밥상 공동체'였다. 표어가 구호로만 끝나지 않기 위해 힘이 닿는 대로 실천했다. 소그룹에서 나누었던 형제의 고백은 최선을 다해 말씀대로 살려고 몸부림쳐 온 우리 교회를 향한 하나님의 위로처럼 들렸다.

> "저는 아버지가 없어서 그런지, 어딜 가든 항상 주눅 들어 있거나 소극적이었어요. 그래서 하고 싶은 말이 있어도 늘 참고만 살아왔어요. 그런데 신기하게도 언젠가부터 교회가 내 뒷배경이 된 것 같아요. 어딜 가나 내 편이 있다는 생각에 든든하고, 주눅 드는 일도 없고, 그러다 보니 매사에 적극적이고 당당해진 것 같아요. 은혜의동산교회 가족들에게 정말 감사해요."

서로에게 설 자리를 마련해 주는 사람들, 누군가의 배경이 되어 주는 사람들, 언제나 돌아갈 마음의 고향 같은 사람들. 이것이 하나님의 가족인 교회요, 예수의 살과 피를 함께 먹고 마시는 주님의 식탁에 초대된 사람들인 바로 교회라고 생각한다.

# Story 15.
## 장모님의 일천 번제

"김 서방, 나 은혜의동산교회에 일천 번제 하려고 하는데, 괜찮을까?"

"아니에요, 장모님. 우리 교회에는 일천 번제 헌금이 따로 없어요."

"일천 번제라도 해야 은혜의동산교회를 위해 적어도 천 번은 기도할거 같아서."

결국 장모님의 설득에 내가 지고 말았다. 장모님께 일천 번제가 성경적으로 신학적으로 오류가 있으니 그런 헌금은 하지 말라는 식의 이야기는 의미가 없었다. 장모님도 일천 번제를 하면 은혜의동산교회가 몇 백 명으로 부흥할 거라고 기대하시지는 않았을 거다. 다만 사위와 딸의 사역을 이렇게라도 응원하시고 싶었을 거다. 당신이 적어도 1,000일은 기도로 동행할 테니 지치지 말라고… 누군가 3년을 쉬지 않고 기도해 준다는 것만큼 개척 교회 목사에게 큰 응원과 격려가 있을까? 언제나 사랑이 지식을 이기는 법이다.

장인어른과 장모님은 섬기는 교회가 있었음에도 매월 첫째 주에는 우리 교회에서 예배를 드리셨다. 물론 섬기는 교회 담임 목사님께는 미리 말씀을 드리고 오셨다. 그리고 매달 첫째 주에 빠짐없이 감사 헌금과 일천 번제 헌금을 드리셨다. 100번, 200번, 300번, 그리고 404번까지.

매달 한 번 예배를 드리시던 장인어른과 장모님께서 2023년 1월에만 두 주 연속 오셨다. 1월 첫째 주는 신년 예배이니 섬기는 교회로 가셨고, 셋째 주와 넷째 주에 연속해서 오셨다. 장모님은 15년째 투석을 하고 계셨는데, 그날따라 장모님 얼굴은 유난히 심하게 부어 있었다. 다리 힘도 점점 약해지셔서 엘리베이터가 없는 우리 교회 예배당을 오르기 힘들어 하셨다. 그래서 아버님의 부축을 받으며 힘겹게 올라오셨다. 그럼에도 예배 때에는 누구보다 활기차셨고, 설교를 들으실 때는 사위의 말이 아니라 하나님의 말씀을 듣는 진지함으로 경청하셨다.

장모님은 사위 설교를 가장 사랑해 주셨다. 사위 설교가 최고라며 주변 사람들에게 얼마나 자랑을 하셨는지, 그리고 실제로도 주중에 몇 번이나 들으셨는지 모른다. 사위 설교를 가장 사랑하시는 장모님은 우리 교회에 와서 예배를 드릴 때마다 예배가 끝난 후 항상 "은혜 받았어요. 김 목사님"이라고 말씀하시며 나를 따뜻하게 안아 주셨다. 그런 장모님께서 한 달에 두 번이나 오셨으니 나는 얼마나 행복했겠는가?

그런데 1월 넷째 주는 때마침 내 생일이었다. 그래서 성도들의 사랑으로 예배 후 생일 파티가 준비되어 있었다. 사위가 온 성도들에게 사랑받는 모습을 보셨으니 장모님은 얼마나 행복하셨겠는가? 그렇게 너무 행복한 주일을 보내시고 장인어른과 장모님은 귀가하셨다.

그때까지만 해도 그날 그 예배가 장모님과 예배당에서 드리는 마지막 예배가 되리라는 것을 그 어느 누구도 생각도, 상상도 하지 못했다. 다음 날 이 연락을 받기 전까지 말이다.

"누나, 엄마가 집에서 쓰러졌대."

수화기 너머로 들리는 처남의 떨리는 목소리를 듣자마자 미친 듯이 처가로 달려갔다. 도착해서 마주한 장모님은 이미 뇌출혈에 따른 무의식 상태에서 구토를 하고 계셨다. 내가 아무리 장모님을 외쳐 불러도 장모님은 나를 알아보지 못하셨다. 거의 비슷하게 도착한 119 대원에 의해 장모님은 구급차에 실려 근처 대학 병원으로 이송되셨고, 그날 밤 우리는 숨죽여 장모님의 의식이 돌아오길 밤새 기다려야만 했다. 장모님은 15년간 투석을 받으시며 아스피린을 과다 복용하셨기에, 의사 선생님은 그날 밤이 가장 중요한 순간이 될 거라고 말씀해 주셨다.

친인척, 교회 식구들 할 것 없이 갑작스럽게 장모님의 소식을 듣고 모두 다 비통에 잠겼다. 기도도 나오지 않았다. 순간 하늘이 무너지는 듯했다. 대전역에서 장인어른과 처남, 그리고 나까지 셋이서 만났는데, 처남은 장모님 소식을 듣고 대전역이 떠나가도록 울었다. 나는 이를 꽉 깨물며 울음을 참았다. 나라도 정신 줄을 붙잡고 있어야 대화가 되는 상황이었으니 말이다. 우리에게 필요한 것은 오직 한 가지, 하나님의 일하심뿐이었다. 그날 밤, 나는 페이스북에 이런 기도문을 올렸다.

'주님, 이제껏 내가 사랑한 분량이 충분하다면 데려가셔도 좋습니다. 하지만 아직 내가 해야 할 사랑이 남아 있다면 살려 주십시오! 그리고 남은 인생, 그 사랑을 채우며 살아갈 사랑의 능력을 부어 주십시오!'

# Story 16.
## 405번째 일천 번제가 드려진 날

하나님께서 수많은 사람들의 기도에 응답해 주셨는지, 장모님의 생명을 연장시켜 주셨다. 하지만 우리가 생각했던 일상은 아니었다. 장모님은 중환자실에서 인공호흡기를 끼고 계셨다. 인공호흡기를 목에 삽관하셨기에 말은 못 하셨지만, 그나마 손발은 움직이실 수 있으셨다. 그래서 움직이는 손으로 펜을 잡고 장인어른과 종이에 편지를 주고받으셨다. 사랑한다는 말과 죽고 싶다는 절규까지 거침없이 적으셨다. 살지도 죽지도 못하는 한 여인의 고통을 겪어 보지 않은 우리가 어찌 헤아릴 수 있을까?

장인어른은 장모님께서 중환자실에 들어가신 이후로 은혜의동산교회에는 오지 않으셨다. 장모님의 빈자리가 더 큰 슬픔으로 다가올 것 같아서였다. 그리고 성도들의 얼굴을 보면 눈물을 참지 못하실 거 같다는 이유로 섬기시는 교회에서도 이른 시간에 조용히 예배만 드리고 집에 오기를 두 달 정도 반복하셨다. 슬픔으로부터 조금씩 이별하며 일상을 회복해 가시던 3월 13일 따뜻한 봄날, 장인어른은 용기를 내 장모님 없이 처음으로 은혜의동산교회에 예배를 드리러 오셨다.

은혜의동산교회 온 교우들은 모두가 한마음으로 장인어른을 안아 주고 장인어른과 손을 맞잡으며 환영해 주었다. 그리고 예배 중에 다 같이 장모님을 위해 전심으로 기도했다. 자가 호흡이 되지 않아 인공호흡기를 꽂고 계신 장모님, 설상가상으로 병원에 가시기 얼마 전 상처 난 한쪽 엄지발가락이 괴사해서 그 발가락 절단 수술을 앞두고 있던 장모님을 위해 기도하면서 예배당은 눈물바다가 되었다.

장인어른은 예배가 끝난 후 성도들을 마주하면 울음이 멈추지 않을 것 같아서 급히 댁으로 가셨고, 때마침 그날 나는 형님이 평택으로 이사를 하는 바람에 예배가 끝나자마자 부산에 계신 부모님과 함께 평택으로 가야 했다. 당연히 예배당 정리도 못했고, 헌금 계수도 잊은 채 평택에 급히 다녀와야 했다.

월요일 아침, 나는 교회로 와서 헌금함을 열고 헌금 봉투를 확인했다. 나는 헌금 봉투에서 눈을 뗄 수 없었고, 순간 눈물이 왈칵 쏟아졌다. 헌금함에는 두 개의 봉투가 들어 있었는데, 두 개 모두 장인어른께서 하고 가신 헌금 봉투였다. 거기에는 장모님의 405번째, 그리고 406번째 일천 번제 헌금이 들어 있었다.

그런데 내가 눈물을 왈칵 쏟은 이유는, 단순히 장인어른께서 일천 번제를 하셨기 때문이 아니다. 당시 장인어른은 장모님께서 중환자실에 들어가신 바로 그날에 다니시던 직장에 사직서를 제출하셨다. 아내가 쓰러진 것에 대한 상심이 너무 컸기 때문이었다. 그 후 두 달 동안 장인어른은 장모님 면회와 사고 해결을 위한 보험 관련 업무에 전념하시며 분주하게 시간을 보내셨다. 그래서 실상 장인어른께 헌금하실 수 있는 여력이 없는 상황임을 누구보다 잘 알고 있었기 때문이다.

이 상황에 드린 장인어른의 귀한 결단과 헌금, 눈물의 예배와 기도는 내 생애 평생 잊지 못할 또 하나의 사랑의 사건으로 기억될 것이다. 그래서 그 전날 그렇게 봄비가 주르륵 내렸나 보다. 장모님의 결단으로 시작된 일천 번제, 그리고 장인어른의 헌신으로 이어진 일천 번제. 이제는 내 삶 전체가 일천 번제로 드려지길 간절히 기도한다.

듣보잡 목사의
듣보잡 묵상

# 머무름 1.
## 하나님 나라의 듣보잡

젊은이들이 한때 '듣보잡'이란 말을 썼었다.

듣: 듣지도

보: 보지도 못한

잡: 잡 것

세상의 관점으로는 소위 '듣보잡'이었던 내 인생을 향해 하나님
은 새로운 의미를 담아 '듣보잡'으로 불러 주셨다.

듣: 내가 네 고백을 '듣'고 있고,

보: 내가 네 삶을 '보'고 있고,

잡: 내가 네 인생을 붙'잡'고 있다.

사람들은 내가 유명하지 않으면 나를 주목하지 않지만, 주님은
항상 나를 주목하고 계신다.

사람들은 내가 유명하지 않으면 내 말에 귀 기울이지 않지만, 주님은 언제나 내 기도를 들어 주신다.

사람들은 내 모습에 실망하면 나를 외면하고 떠나가지만, 주님은 늘 내 곁에서 나를 붙잡고 계신다.

이것이 성도의 정체성이고, 나의 자랑이고, 나의 찬송이다.

주님께서 다시 말씀하셨다. "나는 이집트에 있는 나의 백성이 고통받는 것을 똑똑히 보았고, 또 억압 때문에 괴로워서 부르짖는 소리를 들었다. 그러므로 나는 그들의 고난을 분명히 안다." _출 3:7, 새번역

# 머무름 2.
## '마침'의 저주

'새옹지마'라는 말이 있다. 좋은 일처럼 보였던 일이 다 좋은 게 아니고, 좋지 않게 보였던 일이 다 좋지 않은 게 아니라는 뜻이다. 그래서 목회를 할수록 목사에게 가장 필요한 덕목이 '분별'이라는 생각이 들었다.

개척하고 나서 '행운'처럼 찾아온 일이 여럿 있었다. 첫 예배당을 얻었을 때였다. 모든 성도들이 첫 예배당을 자기 집처럼 생각하면서 30년 된 낡은 공간을 얼마나 때를 빼고 광을 냈는지 모른다. 건물 외벽만 보고 들어왔던 손님들도 건물 내부를 보고서는 눈이 휘둥그레질 정도였다. 우리가 들어오고 나서 공간의 BC와 AD가 선명하게 나뉘었다고 해도 과언이 아니었다.

예배당을 아름답게 꾸민 일로 가장 감동한 사람은 다름 아닌 건물주였다. 우리에게 얼마나 고마워하셨는지 3년째 공실이었던 예배당 아래 2층 공간 57평을 무료로 사용하라고 말씀하셨다. 보증금

2,500만 원에 월세 60만 원의 공간을 무료로 사용하라고 하시다니! 혹시나 농담으로 하신 말인지 재차 확인했다. 내가 되물을 때마다 그렇게 하라고 쿨하게 대답하셨다. 그 말을 듣자마자 너무 기쁘고 감격해서 건물주께서 제안하신 이야기를 교회 밴드에 올렸다. 온 성도들도 같이 환호성을 지르며 기뻐했다.

그러나 그 기쁨과 감사도 잠시였다. 주일 설교를 준비하는데, '마침' 본문이 요나서 1장 3절이었다. 요나가 여호와의 얼굴을 피하여 다시스로 도망하려고 욥바로 갔는데, '마침' 다시스로 가는 배를 만나는 장면이다. 하나님은 요나에게 니느웨로 가서 당신의 사랑을 전하라고 하셨는데, 요나는 하나님의 길과 정반대로 갔다. 그 길에 '마침' 다시스로 가는 배를 만났다.

이 본문으로 설교를 준비하는데, '마침' 주어진 2층 공간이 불편하게 느껴졌다. 2층 공간을 무료로 사용하는 것이 죄는 아니었지만, 하나님의 뜻과 다른 길로 갈 가능성이 클 수도 있겠다는 생각이 들어서였다.

그 당시 우리 교회에는 성도 수가 그리 많지 않았다. 17평인 3층 예배당에서 예배해도 공간이 충분할 때였다. 우리 교회에게 17평 예배당은 예배하는 데에 조금도 문제 되지 않았다. 그런데 만약 우리가 57평에서 예배를 드린다면 어떻게 됐을까? 머릿속에 몇 가지 장면이 스쳐 지나갔다.

'지금보다 더욱 사랑합시다'라는 설교보다 '이 공간을 가득 채웁시다'라는 설교를 더 많이 할 것 같았다. 우리 성도들을 목양과 사랑의 대상으로 생각하기보다 목회 성공의 수단으로 삼을 것 같았다. 아무리 생각해도 2층으로 내려가는 것은 니느웨보다 다시스로 가는 것에 가깝게 느껴졌다. 이런 생각에 미치자 마음이 한결 가벼워졌고, 마음에 자유와 평안이 찾아왔다.

그리고 주일 설교 때, 나의 솔직한 마음을 나눴다. 2층을 포기하자고. 2층을 포기하겠다는 말만 들었을 때는 고개를 갸우뚱해하던 성도들이, 2층을 포기하는 이유를 듣자 고개를 끄덕이기 시작했다. 성도들의 얼굴이 밝아졌고 우리는 다 같이 시원하게 2층을 포기했다. 그리고 우리는 이전보다 더욱 사랑하고자 니느웨의 길을 선택했다.

앞으로도 '마침' 찾아오는 좋아 보이는 일들이 많을 것이다. 그때마다 우리의 선택이 니느웨로 가는 길인지, 다시스로 가는 길인지, 눈이 흐려지지 않도록 매일 말씀의 안약을 바르고 기도의 안테나를 우뚝 세워 놔야겠다. 그래야 애꿎은 성도들이 풍랑을 맞지 않을 테니 말이다.

당시 2층으로 내려가는 것을 포기한 일은 3년이 다 되어 가는 지금 생각해 봐도 정말 잘했다는 생각이 든다. 천국에 가면, '참 잘했어요!'라는 도장 하나쯤은 찍혀 있지 않을까?

# 머무름 3.
## 사랑하다가 망하는 교회가 되자

대한 예수교 장로회 통합 총회의 기준으로 보면, 우리 교회는 미자립 교회에 속한다. 미자립 교회라는 소문만 듣고 우리 교회에 방문한 외부 손님들은 교회 예배당을 보고 깜짝 놀란다. 본인들이 상상한 미자립 교회의 모습이 아니기 때문이다. 깔끔하고 단정하게 꾸며진 예배당, 게다가 두 층이나 사용하고 있기에 교회의 상황이 더는 지원이나 후원이 필요 없는 자립 교회와 흡사하다고 생각했기 때문인지도 모르겠다. 약간은 당황스러워하고 의아해하는 표정을 짓는 방문객을 볼 때마다 나는 그들을 목양실로 안내한 뒤, 교회가 두 층을 사용하게 된 계기를 차근히 설명해 준다.

교회 가족 중 한 가정이 재정적 위기를 맞았다. 월세를 낼 수 없을 만큼 재정적으로 어려운 상황이 되었다. 자녀가 셋이나 되는 다섯 식구가 길거리로 내몰리게 되었는데, 어떻게 교회가 이 상황을 모른 체할 수 있겠는가? 교회 임시 운영 위원회는 상의 끝에 그 가족에게 교회 공간을 내주기로 했다. 그래서 다섯 가족은 교회당으로 이사를 하게 되었다.

그들이 교회당으로 이사를 오자 새로운 고민이 생겼다. 만약 우리가 평일에도 교회당을 자꾸 들락거리다 보면, 의도치 않게 그 가족이 교회 성도들 눈치를 볼 수도 있겠다는 생각이 들었다. 안 그래도 형편이 어려워서 교회당으로 이사를 온 상황인데, 눈칫밥까지 먹게 할 수는 없는 노릇이었다. 그래서 교회 임시 운영 위원회는 또다시 회의를 한 끝에 그 가족이 교회와 분리되어 편안하게 살 수 있도록 교회는 공실이었던 2층을 예배당으로 사용하기로 했다.

이런 아름다운 결정을 해 준 우리 성도들이 너무 자랑스럽고, 이런 성도들과 함께 신앙생활 한다는 사실만으로도 정말 감사했다. 성도들의 아름다운 결정 덕분에 우리 교회는 개척 2년 차부터 두 층을 사용하게 되었고, 예배당 인테리어 때문에 건물을 위해 무리하게 빚을 내지 않겠다는 개척 초기의 다짐과는 달리 교회 통장에 있던 돈을 탈탈 털어야만 했다. 업체를 통해 57평 공간의 인테리어 견적을 받아 보니 대략 5,000만 원이 나왔다. 견적을 받은 그날, 마음속으로 다짐했다. 내가 몸으로 때워야겠다고. 이런 마음속 다짐을 주님께서 불쌍히 여겨 주셨는지, 1주일도 채 지나지 않아서 1,600만 원에 공사를 해 주겠다는 분을 소개받게 되었고, 공사가 끝나는 날, 최종 결산을 위해 송금을 한 뒤, 통장 잔고를 보고 펑펑 울었다.

정확히 '0원'이 찍혔기 때문이다.

2층 인테리어를 다 마치고 2층에서 처음 예배를 드리는 날, 나는 성도들에게 이런 말씀을 전했다.

"교회는 사랑하다가 망하는 곳입니다. 왜냐하면 교회의 머리 되신 예수님께서 우리를 사랑하시다가 십자가에서 망하셨기 때문입니다. 앞으로도 우리 교회는 사랑하다가 망하는 것을 최고의 축복으로 여길 수 있었으면 좋겠습니다."

사람이 자기 친구를 위하여 자기 목숨을 내놓는 것보다 더 큰 사랑은 없다 _요 15:13, 새번역

# 머무름 4.
## 엉덩이에 새겨진 그리스도의 흔적

어쩌다 보니 개척한 지 2년 만에 두 층이나 사용하게 되었다. 그래서 처음 교회를 방문하는 사람 중에 종종 이런 질문을 하는 사람이 있다.

"목사님, 개척한 지 2년 만에 어떻게 두 층이나 예배당으로 사용하고 계세요?"

그때마다 내 대답은 한결같다.

"쉬워요. 치질 두 번만 걸리면 돼요!"

한 층, 한 층 리모델링할 때마다 주님께서 내 몸에 새겨 주신 '스티그마'.

이후로는 누구든지 나를 괴롭게 하지 말라 내가 내 몸에 예수의 흔적(스티그마)을 지니고 있노라 _갈 6:17

# 머무름 5.
## 하나님은 교회를 세우시고,
## 당근은 교회를 채우신다.

경기도 용인시 소재의 나들목 영성 수련원에서 하나복 DNA 대표 이신 김형국 목사님과 잠시 이야기를 나눌 기회가 있었다. 목사님 은 평소 SNS를 통해 우리 교회 소식을 눈여겨보셨고, 그동안 궁금했 던 것들을 나에게 몇 가지 물어보셨다.

"종원 목사, 어떻게 그렇게 재밌게 목회를 해?"

목사님의 질문에 농담 반, 진담 반, 장난기가 섞인 말로 대답했 다.

"만약 당근이 없었더라면 여기까지 못 왔을 겁니다. 목사님."

그러자 목사님은 웃으시며 말을 이어 가셨다.

"종원 목사, 은혜의동산교회를 보면 주님이 세워 가신다는 사실 하나는 확실히 알겠어."

"그게 무슨 말인가요, 목사님?"

"어떤 교회는 주님이 세우신 건지, 재정과 사람이 있어서 그렇게 된 건지 헷갈릴 때가 있거든. 그런데 은혜의동산교회는 가진 게 하나도 없잖아. 그래도 안 망하고 여기까지 왔으니까. 그런 걸 보면, 은혜의 동산교회는 하나님이 교회를 세워 가신다는 것을 보여 주는 아주 훌륭한 샘플 같아."

그렇다. 교회의 머리 되신 주님께서 교회를 세워 가신다. 그리고 주님은 당근을 통해 교회를 채워 가신다. 이것은 21세기 교회를 향한 진리이다.

> 또 내가 네게 이르노니 너는 베드로라 내가 이 반석 위에 '내 교회'를 세우리니 음부의 권세가 이기지 못하리라 _마 16:18

# 머무름 6.
## 왜 자꾸 탈진이 오지?

탈진이 왔다.

그럼 어때?

잠시 쉬었다 가면 되지!

또 탈진이 왔다.

그럼 어때?

또 쉬었다 가면 되지!

계속 탈진이 온다.

아, 순서가 뒤바뀌었구나.

하나님 사랑과 이웃 사랑의 순서가.

성도와 '함께함' 이전에,

그분의 사랑 안에 '머무름'.

예배를 통한 하늘 아빠의 은혜 안에 머무름.

기도를 통한 하늘 아빠의 품 안에 머무름.

순종을 통한 하늘 아빠의 뜻 안에 머무름.

하나님의 사랑 안에 머무름이야말로 탈진에서 벗어나는 가장 강력하고도 확실한 길이다.

새 계명을 너희에게 주노니 서로 사랑하라 내가 너희를 사랑한 것같이 너희도 서로 사랑하라 _요 13:34

# 머무름 7.
## 목사님, 가끔 교인들 버리고 도망도 가고 그러세요!

교단에서 개최한 미셔널 처치(선교형 교회) 컨퍼런스에서 귀한 목사님 부부를 알게 되었다. 특히 목사님의 사모님은 나를 보자마자 꼭 당신 아들 같다며 나를 너무 예뻐해 주셨다. 바로 쌍샘자연교회 백영기 목사님의 아내이신 신현숙 사모님이시다.

컨퍼런스를 마친 뒤, 청주의 전하울 마을에 둥지를 튼 쌍샘자연교회를 방문한 적이 있다. 목사님 부부는 나를 따뜻하게 맞아 주셨는데, 함께 있던 교회 성도들의 증언에 따르면, 목사님 부부가 이렇게 하이 텐션으로 누군가를 환대해 준 적은 처음이라고 했다. 교회당에는 작은 도서관과 서점, 여행자가 묵을 수 있는 북스테이와 카페, 그리고 아픈 사람들과 여행객들의 건강을 위해 목사님과 성도들이 손수 지은 흙집이 있었다. 교회당을 한 바퀴 둘러보는 것만으로도 도시에서 누릴 수 없는 여유와 힐링을 맛보았다.

교회당을 한 바퀴 둘러보고서는 목사님 내외분과 차를 마시며 이런저런 이야기를 나누었다. 담소를 나눈 뒤, 내가 마신 찻잔을 씻기 위해 개수대 앞에 서 있을 때, 사모님께서 조용히 내 뒤에 오셔서 속삭이듯 말을 건네셨다. 사모님의 그 한마디는 아직도 가슴에 메아리쳐 울린다.

> "김 목사님, 목회하다가 힘들면 징징대고, 엄살도 부리고, 가끔 교인들 버리고 도망도 가고 그래요."

사모님이 마치 내 마음속을 훤히 들여다보고 말씀하신 것 같았다.

> '내 마음을 알아주는 한 사람의 존재와 말이 이렇게나 힘이 되는구나!'

인생을 살다 보면, 가끔은 묻지도 따지지도 않고 무조건 내 편이 되어 줄 '고향 같은 사람'이 필요하다. 고향은 공간적으로는 우리가 태어난 곳, 유년 시절의 기억이 서려 있는 곳이기도 하지만, 존재적으로는 나를 있는 모습 그대로 품어 주는 어머니의 자궁과도 같은 곳이라고 할 수 있다. 장석주 시인은 "고향의 제일의적 조건은 보상 없이 주체에 주어지는 증여와 환대"[9]라고 했다. 그런 의미에서 바쁨과 경쟁의 피로 사회를 살아가는 현대인들 가운데에는 고향 잃은

---

9 "[장석주의 시각] 고향이란 무엇인가?", 〈이투데이〉, 2020. 10. 28., https://www.etoday.co.kr/news/view/1956071 (접속일: 2023. 9. 22.)

실향민들이 얼마나 많은지 모른다.

　사모님의 말을 듣고도 나는 한 번도 도망친 적이 없다. 하지만 힘들 때면 사모님의 그 말 속으로 도망친다. 그러면 숨이 쉬어진다. 사모님의 그 말은 매 순간 나에게 심폐 소생술 같은 역할을 한다.

　그리고 이런 생각을 해 본다. 나도 때로는 외로움의 사막 길을 걷는 사람들에게 그늘 같은 존재가 되었으면 좋겠다고. 또 우울과 절망의 비를 맞고 있는 사람들에게 우산 같은 사람이 되었으면 좋겠다고. 또 실패와 무기력의 한파가 찾아온 사람들에게는 얼어붙은 마음을 녹여 줄 이불 같은 따뜻한 이웃이 되었으면 좋겠다고 말이다.

　우리에게는 사는 동안 단 한 사람일지라도, 무조건 내 편이 되어줄 고향 같은 사람이 필요하다. 외로우니까 인생이다.

네가 올 때에 마가를 데리고 오라 그가 나의 일에 유익하니라 _딤후 4:11

# 머무름 8.
## 너머서 예배

    2020년 10월 첫째 주에 우리 교회는 처음으로 모였다. 첫 모임 장소는 우리 집이었다. 집에서 모인 이유는 단 한 가지였다. 돈이 없어서. 그런데 코로나가 한창이던 당시, 빌라였던 우리 집에 사람들이 하나둘씩 들락거리니까 빌라에 함께 사는 이웃들이 불편해하는 것이 느껴졌다. 당시는 식당과 카페에서 4인 이상 모이는 것을 금하던 시절이었다. 그러던 찰나에 12월이 되어서는 급기야 한국 정부가 사회적 거리 두기 4단계를 선포했다. 결국 우리는 더 이상 우리 집에서 모일 수 없게 되었다.

    지혜가 필요했다. 인도 속담에 "하고자 하는 자는 방법을 찾고, 하기 싫은 자는 핑계를 찾는다"는 말이 있다. 모이지 않으려면 모이지 않을 핑곗거리가 충분히 있었고, 모이려면 모일 방법이 충분히 있었다. 개척한 지 이제 3개월 된 우리 교회는 이 상황을 어떻게 돌파해야 할까 기도하며 요리조리 궁리를 하다 보니 문득 이런 생각이 떠올랐다.

'개척 교회라 몇 가정 되지도 않는데, 모든 가정에 직접 찾아가서 가
정별로 예배드리자.'

그리고 기도하며 내린 결정을 성도들과 함께 있는 단톡방과 교
회 밴드에 올렸다.

사랑하는 성도님들,
이제 우리에게 사회적 거리 두기 4단계라는 아주 힘든 현실이 찾아
왔습니다. 더 이상 우리는 다 같이 모일 방법이 없습니다. 이전처럼 저
희 집에서 모이면 법적으로 큰 문제가 됩니다. 현재 상황에서 다 같이
예배드릴 수 있는 방법이 있다면 온라인으로 예배드리는 방법밖에 없
습니다. 그런데 온라인 예배는 어쩔 수 없는 상황에서 선택하는 예배
방법입니다. 몸이 아파서 병원에 있거나 교회에 나오지 못하는 사람,
또는 출장이나 해외로 가게 돼서 예배당에 오지 못하는 분들을 섬기
기 위해 어쩔 수 없이 차선책으로 선택한 방법이 온라인 예배입니다.
물론 지금 상황이 어쩔 수 없는 특수한 상황이긴 하지만, 우리 교회
는 개척 교회이고 사람도 그리 많지 않습니다. 이런 상황에서 우리는
스스로에게 질문해야 합니다. '만약에 예수님께서 코로나 팬데믹 상
황 속에 계셨다면 어떻게 하셨을까?'라고요. 예수님은 아마도 온라
인으로 우리를 만나지 않으셨을 거라 생각합니다. 예수님은 하늘에

서 땅으로 직접 오셨습니다. 그래서 저도 여러분을 직접 찾아가도록 하겠습니다. 우리 교회는 네 가정밖에 되지 않습니다. 그러니 제가 직접 토요일에 두 가정, 주일에 두 가정, 여러분의 집으로 찾아가서 네 번의 예배를 드리겠습니다. 혹시 하나님께서 우리 교회를 대형 교회로 성장시켜 주신다면, 저는 앞으로 4부 이상의 예배를 인도해야 합니다. 저는 우리 교회가 대형 교회라 생각하고, 지금부터 네 번의 예배를 인도하는 훈련을 할까 생각합니다. 토요일과 주일, 가정별로 예배 가능한 시간을 알려 주시면 그 시간에 찾아가도록 하겠습니다.

2년이 지난 지금 그때를 돌아봐도, 너무 잘했다는 생각이 든다. 그때 한 가정 한 가정 찾아가서 드렸던 예배에 매주 눈물이 있었다. 매주 감격이 있었다. 식탁에 둘러앉아 하나님께서 당신 아들의 피로 맺어 주신 하늘 가족의 교제를 누리며 예배를 통해 풍성한 하나님의 임재를 맛보았다. 사람이 소수이니까 예배가 일방적이지 않아서 좋았고, 어른들과 예배를 드린 후 그 집 아이들과 노는 시간은 나에게 안식 그 자체였다. 우리는 이때의 예배를 '너머서 예배'라고 명명했다. 코로나를 넘어서, 장애물을 넘어서, 예배당을 넘어서, 우리의 한계를 넘어서!

코로나가 전 세계를 덮은 지 어느덧 4년이라는 세월이 훌쩍 지났고, 코로나가 한창이던 시기에 시작된 은혜의동산교회는 어느덧 우리만의 따뜻한 공간을 얻어 하나님 나라를 온몸으로 맛보고 누리며 그때 받은 은혜와 사랑을 이웃과 주변에 흘려보내고 있다. 만약 돈도, 사람도 별로 없던 그때 그 시절, 예배드릴 공간도 없어 집에서 모여야만 했던 그때 그 시절에 '어쩔 수 없는 벽'이라 생각하고 주저앉아 있었더라면, 지금의 아름다운 공동체는 없었을지도 모르겠다. 그리고 그 힘겨운 시절에 하나님께서 주신 지혜를 통해 우리는 놀라운 진리를 온몸에 새기게 되었다. '2000년 전에 예수님께서 가르치고 사셨던 방식으로 사랑하고 복음을 전하면, 2000년이 지난 지금도 여전히 교회는 세워지고, 하나님의 역사는 멈추지 않는다'라는 사실을.

그분은 하늘을 '너머서' 땅으로 오셨다. 그분은 하나님의 신분을 '너머서' 사람이 되셨다. 그분은 자신의 권리를 '너머서' 아버지의 뜻에 복종하셨다. 그리고 우리를 자신의 자녀 삼아 주셨다. 이제는 우리가 '너머서'야 할 차례이다. 우리는 우리가 있는 자리를 '너머서' 아직도 예수님의 사랑을 모르는 사람들에게 가야 한다. 우리는 우리의 편안함을 '너머서' 타인의 안식을 위해 나아가야 한다. 우리는 자기중심성을 '너머서' 타인의 행복을 위해 기꺼이 우리의 삶을 내어 드려야 한다. 그것이 '성육신'하신 예수 그리스도의 마음을 담아 그분을 닮는 교회의 모습이다.

여러분 안에 이 마음을 품으십시오. 그것은 곧 그리스도 예수의 마음이기도 합니다 _빌 2:5, 새번역

# 머무름 9.
## 다시 태어나도 목회할래?


은혜 씨는 「우리들의 블루스」로 전 국민의 사랑을 받았다. 그는 2015년에 『니 얼굴』이라는 책을 썼다. 그는 자신의 시[10]에서 '외롭다, 두렵다, 외톨이다, 힘들다'라는 단어로 다운 증후군으로 태어난 자신의 삶을 우울해하고 비관했다.

그러나 2016년 경기도 양평 문호리 리버마켓에서 '니 얼굴'이라는 간판을 걸고 사람들의 얼굴을 그려 주기 시작했다. 그 후로 그는 이미 4천 명 이상의 얼굴을 그린 '화가' 반열에 올랐고, 드라마 「우리들의 블루스」에 출연하여 전 국민의 사랑을 받는 여배우로 탈바꿈했다.

그녀는 이렇게 자신을 비관하고 우울로 삶을 채워 갔었다. 그러나 2016년 경기도 양평 문호리 리버마켓에서 '니 얼굴'이라는 간판

---

10  정은혜, 「니 얼굴」 (파주: 보리, 2022), 12.

을 걸고 사람들의 얼굴을 그려 주기 시작했다. 그 후로 은혜 씨는 이미 4천 명 이상의 얼굴을 그린 '화가' 반열에 올랐고, 드라마 「우리들의 블루스」에 출연하여 전 국민의 사랑을 받는 여배우로 탈바꿈했다.

양평 작은 마켓에서 4,000명이 넘는 사람들을 만난 은혜 씨. "예쁘게 그려 주세요"라며 그녀 앞에서 방긋 웃으며 앉아 있었던 사람들과의 만남. 은혜 씨가 그림을 다 그릴 때까지 그녀 앞에서 방긋 웃고 앉아 있는 사람들로 말미암아 은혜 씨의 얼굴에도 절망의 그림자는 사라지고 행복의 미소가 서서히 깃들기 시작했다. 은혜 씨에게 그림을 가르쳐 준 은혜 씨의 소중한 친구이자 그림 라이벌인 김미경 작가는 묻는다.

"은혜야! 그림 그리면 좋아?!"
"응! 재미있어! 다시 태어나도 그릴 거야!"[11]

책의 이 부분을 읽는데, 문득 나에게도 누군가 이렇게 묻는 것 같았다.

"종원아! 사람 만나면서 목회하면 좋아?"
"응! 힘들긴 해도 좋아! 하나님께서 사람을 변화시키시는 일에 나 같

---

11  위의 책, 175.

은 사람도 숟가락 얹도록 기회를 주셨는걸. 이보다 행복하고 보람된 일은 없는 것 같아! 다시 태어나도 목회하고 싶어!"

나는 사도 중에 가장 작은 자라 나는 하나님의 교회를 박해하였으므로 사도라 칭함 받기를 감당하지 못할 자니라 그러나 내가 나 된 것은 하나님의 은혜로 된 것이니 내게 주신 그의 은혜가 헛되지 아니하여 내가 모든 사도보다 더 많이 수고하였으나 내가 한 것이 아니요 오직 나와 함께 하신 하나님의 은혜로라 _고전 15:9-10

# 머무름 10.
## 무능한 목사의 무능한 기도

한때 선교사를 꿈꿨던 교회 가족에게 연락이 왔다.

"목사님, 선교사 되는 것보다 개떡 같은 남편한테 밥상 차려 주는 게
더 힘든 것 같아요!"

성도의 울부짖는 목소리에 능력 없는 개척 교회 목사는 오늘도
엎드린다.

'주님, 불쌍한 성도에게 밥상 차릴 힘 좀 주십쇼!'

내 마음은 걷잡을 수 없이 떨립니다. 주님께서는 언제까지 지체하시렵니까? 돌아
와 주십시오, 주님. 내 생명을 건져 주십시오. 주님의 자비로우심으로 나를 구원하
여 주십시오. 나는 탄식만 하다가 지치고 말았습니다. 밤마다 짓는 눈물로 침상을
띄우며, 내 잠자리를 적십니다 _시 6:3-6, 새번역

# 머무름 11.
## 교회, 대항적·대안적 공동체

'차별 없는 은혜, 오름직한 동산, 은혜의동산교회'

교회 이름에서 착안해 우리 교회 소그룹 이름을 '동산 모임'으로 지었다. 그래서 소그룹 리더는 (어감이 그리 좋지는 않지만) '동산 지기'라고 부르고 있다.

나는 처음부터 동산 모임 멤버를 형성할 때, 모든 세대가 어울리기를 바랐다. 그래서 동산 모임에는 초등학생 이하를 제외하고, 중학생부터 70대까지 모든 세대가 섞여 있다. 교회마다 소그룹의 형태는 다를 수 있겠지만, 내가 이런 소그룹을 지향하게 된 것은 성경에서 발견한 교회론, 즉 '교회는 무엇이며 어떤 방식으로 존재해야 하는가'라는 근본적인 물음에 대한 나의 답변이었다.

교회는 존재 자체가 세상 문화에 대해 대항적이며 대안적일 수밖에 없다. 우리가 살아가는 세상에는 성경적인 문화와 반성경적인 문화가 혼재되어 있다. 어디까지가 성경적이고, 어디까지가 반성경적인지 경계를 구분하기가 어려울 만큼 삶과 세상은 모호하고 복잡하다. 그리고 그런 반성경적인 문화는 우리도 인식하지 못하는 사이에 교회 안에 은밀히 침투해 들어와 있다. 그러므로 우리는 분별력을 가지고 지혜롭게 교회 안에 들어와 있는 반성경적인 문화와 시대 정신에 저항할 수 있어야 한다.

나는 교회를 개척하면서 교회 안에 은밀하게 침투해 온 반성경적 문화 중 하나로 '세대 간 단절'을 꼽았다. 성경은 가족이든 교회든 직장이든 공동체 내의 상호성을 강조한다. 남자와 여자, 부모와 자녀, 주인과 종 모두가 그리스도 안에서 하나가 되었고(갈 3:28), 그리스도를 경외함으로 서로 복종하는 삶을 교회의 모습(엡 5:22-6:9)으로 소개하고 있다. 그래서 나는 성도들이 교회 안에서부터 이런 성별, 세대, 계급 사이에서 상호 존중하고 서로 사랑하는 삶을 배우고 훈련해야 한다고 생각했다. 그렇게 교회 안쪽부터 먼저 변화되고 그 변화가 확장되어 세상 밖을 물들여야 한다고 생각했다. 그것이 교회의 중요한 사명이라 여겼다. 나라는 사람이, 또 우리 은혜의 동산교회가 한국 교회에 속해 있는 것은 사실이지만, 그렇다고 나 한 사람과 우리 교회가 한국 교회 전체를 변화시킬 수는 없는 노릇이다. 다만 내가 섬기는 교회에서만이라도 이런 문제 의식을 가지고 대항적, 대안적 공동체를 세워 보고자 몸부림쳤다. 내가 할 수 있는 만큼, 내가 서 있는 자리부터. 그래서 시작한 것이 '동산 모임의 전 세대화'였다.

감사하게도 지금까지는 성도들이 잘 따라와 주고 있고, 성도들의 반응도 좋다. 어린 자녀를 둔 3040 세대도, 자녀들을 출가시킨 이후 홀로 사는 6070 부모 세대도 서로 같은 은혜를 누리고 있다.

> "우리 부모님과도 이런 깊이 있는 대화를 하는 날이 왔으면 좋겠어요."
>
> "우리 자녀들이 이런 생각을 하고 있을 거라고 생각하니 내가 너무 나 중심적으로 자녀들을 대했던 것 같네요. 이제는 교회 형제자매들에게 하듯 조금 더 마음을 열고 자녀들의 이야기를 들어 봐야겠어요."

교회 성장학자들이 주장하듯, 동질 집단 원리를 이용해 또래별로, 유사 직업군을 따라 그룹화(grouping)하면 좀 더 빠른 시간에 수적 부흥이 일어날 수도 있을 것이다. 청소년, 청년 교회에는 젊은 세대들이 접근하기에 진입 장벽이 낮은 것처럼 말이다. 선교지에서는 무슬림과 힌두교, 불교 기반의 교회를 의도적으로 분리해서 개척하는 경우도 있다. 하지만 조금만 더 근원적으로 생각해 보면, 교회는 한 특정 세대, 특정 집단만을 위해 존재하는 공동체가 아니다. 역사적으로 교회는 '하나의, 보편적이고, 거룩하며, 사도적인 교회'라고 고백해 왔다. 하나님의 가족인 교회에게는 출산, 즉 수적 성장이 목적이 아니다. 교회는 사랑하고 더불어 사는 법을 배우며 성장하고 자라는 곳이다. 그런 의미로 더 많은 교회에서 구역 모임, 셀 모임, 목장 모임과 같은 소그룹이 세대와 성별, 직업의 다양성을 아우르는 하나님의 가족 공동체성을 지금보다 더 많이 누리는 천국의 축소판이 되기를 희망해 본다.

은혜의동산교회에서 또 한 가지 시도한 도전은 '운영 위원회⁽장로교의 당회⁾ 구성원의 다양성'이었다. 우리 교회 운영 위원회는 성별로는 남자가 3명, 여자가 3명이다. 그리고 세대별로는 60대가 1명, 50대가 1명, 40대가 2명, 30대가 2명이다. 운영 위원회는 교회의 귀역할을 감당하는 기관이라 생각했다. 노인 세대와 청년 세대, 남성과 여성 모두의 이야기를 들으려면, 그들이 지도자로 함께 참여해야 한다고 생각했다. 그렇다고 아무나 운영 위원회로 세우지는 않는다. 교회의 양육 과정을 모두 이행하고, 교회의 비전과 방향성, 목회 철학에 충분히 동의하며, 목회자와 동역하여 하나님 나라를 함께 세워 가겠다는 최소한의 헌신이 있는 사람을 운영위원회로 세운다. 그러니 우리 교회에서 운영 위원회에 속한다는 것은 다른 사람 위에 군림하기 위해 완장 차는 골목대장 자리가 아니라 교회에서 가장 많이 섬기고 헌신하려는 종의 자리에 앉는다는 의미이다. 이들과의 하나 됨과 동역이 있기에 은혜의동산교회는 겨우 3년 된 어린 교회이지만, 결코 어린 교회가 아닐 수 있었다.

이런 다양한 시도와 실험을 한다고 해서 우리 은혜의동산교회에 문제가 없는 것은 아니다. 지상 교회는 천상 교회의 축소판이긴 하지만, 이미와 아직 사이에서 공사 중인 공동체일 수밖에 없다. 우리도 여전히 실험 중이다. 개척한 지 이제 3년이 됐으니 3년째 실험 중인 셈이다. 훗날 이런 시도들이 어떤 열매를 맺을지, 아니면 실험 도중 실패로 돌아갈지는 나도, 성도들도, 아무도 모른다. 그냥 예수님께서 걸어가셨고 사도들이 가르쳐 준 그 길을 계승해서 우리 시대에 우리 문화의 옷을 입은 전체 교회 중 하나의 교회일 뿐임을 인식하며, 우리 몫을 감당하려고 애쓸 뿐이다. 그거면 충분하다.

> 유대 사람도 그리스 사람도 없으며, 종도 자유인도 없으며, 남자와 여자가 없습니다. 여러분 모두가 그리스도 예수 안에서 하나이기 때문입니다 _갈 3:28, 새번역

> 여러분은 그리스도를 두려워하는 마음으로 서로 순종하십시오 _엡 5:21, 새번역

# 머무름 12.
## 폐 끼치는 공동체

대림절에 아기 예수님의 삶을 묵상하다가 눈물이 왈칵 쏟아졌다. 창조주 되신 전능자께서 한 여인의 몸에서 태어나셔서 여인의 젖을 의지하지 않고서는 죽을 수밖에 없는 한없는 무능자로 이 땅에 오셨기 때문이다.

그리스도인 신앙의 최종 목적은 무엇인가? 다름 아닌, 예수님을 닮고 예수님의 길을 자기의 길로 삼아 그 길을 따르는 것 아닌가? 그런 관점으로 생각해 본다면, 우리는 십자가에서 모든 사람을 위해 죽으시고 희생하신 예수님의 모습뿐 아니라, 한없이 무능한 아기로 오셔서 여인의 젖을 의지하고 한 가족의 돌봄을 받으며 자라고 성장하신 예수님의 모습도 그리스도인이 닮고 따라야 할 본이 되어야 한다는 결론에 이르게 된다. 한마디로 누군가에게 폐 끼치는 존재가 되는 것이 예수님을 닮는 그리스도인이라니?!

책을 집필하는 도중, 장모님께서 하나님 품에 안기는 슬픔을 겪었다. 중환자실과 요양 병원에서 뵌 장모님의 마지막 모습은 목에 인공호흡기를 삽관한 채 꼼짝 않고 누워 계신 모습이었다. 함께 면회 간 장인어른과 아내는 입으로 목소리조차 낼 수 없는 어머님 앞에서 연신 재롱을 부리며 어머님의 얼굴에 미소를 자아내기 위해 안간힘을 쓰셨다. 그 모습을 보는데, 문득 갓난아기 앞에 선 부모의 모습이 오버랩되었다.

갓난아기가 할 수 있는 일이라고는 배고프면 울고, 똥 싸면 울고, 오줌 싸면 울고, 졸리면 자고, 깨면 우는 일이다. 한마디로 부모에게 밤새 폐 끼치는 일이다. 그런데 부모는 이 아기가 뭐가 그리 좋은지 아기가 잠시라도 깨어 있으면 그 앞에서 재롱을 부린다. 그리고 아기가 한번 웃으면, 부모는 그 미소 덕분에 하루의 피로가 다 씻겨 내려가듯 흐뭇해하고 보람을 느낀다. 이것이 모든 사람이 태어날 때의 모습이다. 그리고 인간의 마지막도 마찬가지로 폐 끼치는 존재로 끝이 난다. 거동이 불편해져서 배우자나 자녀의 부축이 필요하고, 더 심해지면 지팡이나 휠체어와 같은 기구의 도움을 받아야만 겨우 걸을 수 있다. 일상으로 여겼던 일체의 활동들이 제약을 받고, 속도가 느려지고, 누군가의 도움을 받아야만 가능한 존재로 삶을 마무리한다.

군대를 제대하고 했던 첫 아르바이트가 이동 봉사 목욕이었다. 몸을 가누기 어려운 거구의 할아버지 할머니는 손자 같은 내가 몸을 씻겨 드릴라치면 울면서 하소연하셨다.

"내가 빨리 죽어야 자네 같은 사람들한테 폐를 끼치지 않을 텐데…"

그러고 보면 '인생이란, 폐 끼치는 존재로 태어나서 폐 끼치며 살다가 폐 끼치는 존재로 마무리하는 것이 아닌가?'라는 생각이 든다. 예수님도 인간의 몸을 입고 오신 이상, 폐 끼치는 자로서의 삶을 피해 갈 수 없었다. 예수님도 폐 끼치는 아기로 태어나 부모의 돌봄, 이웃의 돌봄을 받으셨고, 마지막은 자기 어머니 마리아를 요한에게 부탁하는 것으로 숨을 거두셨다.

'이것이 어떻게 본받아야 할 삶이고, 이것이 어떻게 우리가 추구해야 할 삶인가?'라고 물을 수 있겠지만, 가만히 생각해 보면 이것은 우리에게 중요한 진리를 가르쳐 준다.

'구원은 우리 안에 있지 않고, 우리 밖에 있다.'

육체의 연약함을 가진 인간은 외부의 도움이 없으면 살아갈 수 없는 존재임을 태어날 때부터 죽을 때까지 깨달아야 한다. 이 땅에서의 삶 또한 그러할진대, 영원한 구원이야 말해 무엇하겠는가? 우리는 사는 동안 누군가를 의지하고, 누군가에게 폐 끼치며 삶을 지속하는 가운데 궁극적 구원을 갈망하게 된다. 그리고 우리를 구원해 줄 유일한 절대자를 찾게 된다. 그것이 구원의 시작이다.

이 사실을 깨닫자 교회의 정체성을 다시금 생각하게 되었다. 교회란 무엇인가? 폐 끼치는 공동체이다. 삶의 벼랑 끝에 선 이웃들이 폐 끼쳐도 괜찮은 공동체. 정서적으로든 경제적으로든 극단적 절망의 자리에 서 있는 사람들이 언제든 찾아와서 기댈 수 있도록 품과

곁을 내어 주는 공동체.

교회의 문턱을 넘는 사람들을 보면, 처음부터 예수님을 사랑해서 교회를 찾지 않는다. 진리를 알기 위해 궁극적 질문을 던지며 교회에 오지 않는다. 만화 「슬램덩크」에서 내가 꼽는 명장면 중 하나는, 강백호가 농구를 시작하게 된 장면이다. 당시 농구부 주장인 채치수의 여동생 채소연이 백호에게 묻는다. "농구… 좋아하세요?" 강백호는 농구에 '농'자도 몰랐다. 농구공을 잡아 본 적도, 당연히 슛을 던지는 자세도 몰랐다. 그런 강백호에게 아리따운 여인 채소연이 나타났고, 백호는 그녀에게 푹 빠져 버렸다. 그리고 농구 코트에 들어서게 된다. 처음에는 여자 때문에 농구를 시작했지만, 어느덧 백호는 농구를 사랑하게 되었다.

우리는 대부분 강백호처럼 교회에 온다. 예수님이 아닌 채소연 같은 존재 때문에. 사람들은 교회에 하나님을 보러 오지 않는다. 아니, 우리는 안다. 하나님은 우리 눈에 보이지 않는 분이라는 사실을. 교회에 보이는 것은 사람뿐이다. 하지만 하나님은 사람을 통해 당신을 드러내신다. 그러므로 교회가 해야 할 일은 하나님께서 우리를 어떻게 사랑하시고, 얼마나 사랑하시는지를 보여 주는 것이다. 온전히 보여 주지는 못하더라도 부분적으로라도 보여 줄 수 있어야 한다.

세상은 온통 깨어져 있다. 2000년 전, 예수님께서 오셨던 팔레스타인의 현실과 마찬가지로 현재 한국 사회는 고통과 탄식으로 가득 차 있다. 고용 불안, 비정규직의 일반화, 실직의 위험, 능력주의 사회에서 스스로를 실패자라고 여기는 사람들의 을씨년스러운 마음과 매년 오르고 있는 높은 자살률을 보노라면, 한국 사회는 흡사 꽁꽁 얼어붙은 겨울 공화국 같아 보인다.

누가 이들의 도피처가 되어 줄 수 있을까? 이들이 마음 놓고 폐끼쳐도 되는 곳이 존재하기는 할까? 교회는 이들을 품고 섬길 준비가 되어 있을까? 교회가 이들에게 도피처가 되어 주고, 이들이 와서 마음 놓고 폐 끼쳐도 되는 곳이 되기 위해서는, 하나님의 가족인 성도들끼리 먼저 곁을 내어 주고 품이 되어 주는 사랑의 훈련이 되어 있어야 할 것이다. 우리가 먼저 가시적인 사랑과 섬김을 통해 비가시적인 하나님의 사랑을 자연스레 보여 주고 그러한 사랑의 열매를 풍성히 맺는다면, 한국 교회는 얼어붙은 한국 사회를 살리고 회복할 그리스도의 손과 발이 될 수 있을 것이다. 그것이 바로 교회를 세우신 하나님의 목적이기 때문이다.

동정녀 마리아에게서 나시고 _**사도신경**

지금까지 하나님을 본 사람은 없습니다. 그러나 우리가 서로 사랑하면, 하나님이 우리 가운데 계시고, 또 하나님의 사랑이 우리 가운데서 완성된 것입니다 _**요일 4:12, 새번역**